Rouen 12 Mai 90.

est aussi aux livres

BIBLIOTHÈQUE

ET

COLLECTION

DOUCET

COMMISSAIRES-PRISEURS DE ROUEN

VENTE AUX ENCHÈRES

A Rouen, rue des Carmes, 85

Les 12, 13, 16, 17 et 19 Mai courant

A 1 h. précise de l'après-midi et à 7 h. 1/2 du soir

Après le décès de M. DOUCET, Amateur rouennais

BELLE COLLECTION

MEUBLES RARES ET CURIEUX

des XVe, XVIe, XVIIe et XVIIIe siècles.
Crédences gothiques, Tables Henri II, Chaire, Bahuts, etc.

FAIENCES ET PORCELAINES ANCIENNES

Rouen, Delft, Moustiers, Niederviller, Nevers, Marseille, Sceaux, Chine et Japon.

BELLE ET RARE ÉCUELLE

En terre cuite vernissée du XVIe au XVIIe siècle aux armes de Henri IV.
Etain de Briot et Bronze greco-romain.

TABLEAUX

de Diaz, Corot, Courbet, Ziem, Delacroix, etc., Dessins des maîtres anciens et modernes

RICHE ET NOMBREUSE BIBLIOTHÈQUE

Livres des XVIe, XVIIe et XVIIIe siècles et de l'époque moderne.
Reliures armoriées, Editions princeps, beaux ouvrages romantiques.
Curieux Autographes anciens et modernes.

EXPOSITION des Faïences, Meubles, Objets divers de curiosité, Dessins et Tableaux, le Dimanche 11 Mai, de 2 à 4 heures. — VENTE le Lundi et le Mardi.

EXPOSITION GÉNÉRALE des Livres et Autographes, le Jeudi 15, de 2 à 4 heures. — VENTE les Vendredi, Samedi et Lundi 16, 17 et 19. — Exposition particulière des Autographes, le 18 à 2 heures.

ROUEN
Imprimerie Emile Deshays et Ce
Rue des Carmes, 58

1890

CONDITIONS DE LA VENTE.

Elle sera faite expressément au comptant. Les acquéreurs paieront 10 % en sus du montant de leurs enchères, applicables aux frais.

Les tares et défauts non indiqués au Catalogue seront annoncés à chaque mise en vente.

Toute réclamation visant l'authenticité ou l'état des objets vendus devra être faite dans les quarante-huit heures de la vente, passé lequel délai elle ne serait plus admise.

En cas de contestation sur une matière, l'objet sera immédiatement remis en vente.

Aucune pièce ne sera retirée avant la vente ou cédée à l'amiable.

L'ordre du Catalogue sera scrupuleusement suivi, sauf pour la seconde vacation et pour les gros meubles seulement, qui seront vendus à la fin de la séance.

Les objets vendus le 12 seront livrés, sur présentation d'un bulletin à souche, le 13 au matin, pour ainsi continuer de jour en jour jusqu'à la fin de la vente.

Les livraisons auront lieu de neuf heures à onze heures du matin.

ORDRE DES VACATIONS.

Lundi 12...	à 1 h., faïences, porcelaines et terre cuite. à 7 h. 1/2, meubles, étains et curiosités diverses.
Mardi 13...	à 1 h., gravures et dessins. à 7 h. 1/2, dessins et tableaux.
Vendredi 16.	à 1 h., du n° 292 au n° 379. à 7 h. 1/2, du n° 380 au n° 467.
Samedi 17..	à 1 h., du n° 468 au n° 555. à 7 h. 1/2, du n° 556 au n° 643.
Et lundi 19..	à 1 h., du n° 644 au numéro final. à 7 h. 1/2, autographes.

M. DOUCET, COLLECTIONNEUR.

Courir du Nord au Midi, puis de l'Est à l'Ouest, telle est la destinée faite par le Ministre de l'Instruction publique aux universitaires.

Pour les uns, ce n'est qu'une corvée, une lourde charge pécuniaire.

Pour les autres, les délicats et les chercheurs, c'est une source d'études diverses, se traduisant parfois par des écrits charmants, études de mœurs ou souvenirs de voyages, qui nous font leur pardonner le grec ou les équations dont ils ont assombri les beaux jours de notre jeunesse, au grand profit des programmes officiels.

Esprit fin et délié, sensible à toutes les jouissances de l'intelligence, M. Doucet, trompant le vieux proverbe (Pierre qui roule n'amasse pas mousse), avait su s'entourer petit à petit, dans une note très personnelle, de charmants souvenirs de voyage.

Le Midi lui avait donné ses faïences aux doux émaux, et Rouen ses brillantes couleurs.

Son cabinet de travail renfermait les fines sculptures sur noyer de l'école de la Loire et les robustes meubles de chêne des huchiers des bords de la Seine.

Les bronzes, les cuivres repoussés, les esquisses et les tableaux des maîtres anciens et modernes accrochaient la lumière sur ses murs, apportant la vie et la gaité sur le papier banal de l'appartement à loyer, cauchemar de l'homme de goût qui passe.

Quant aux livres, c'étaient les amis de tous les jours, amis nombreux et sûrs, choisis par l'érudit et le délicat, qui savait en apprécier à la fois l'esprit, la forme et l'enveloppe.

Ils sont nombreux, représentant à peu près tous les écrits anciens ou modernes qui peuvent être une source de jouissance pour l'esprit, une nourriture saine et forte pour l'intelligence, un appât pour le chercheur.

Donnant une fois de plus raison au vieux dicton : Dis-moi qui tu hantes, je te dirai qui tu es.

Les livres de M. Doucet sont le souvenir vivant de l'homme qui les a pratiqués et aimés.

CATALOGUE

FAIENCES DU MIDI ET DE ROUEN

TERRE CUITE DU XVI AU XVIIe SIÈCLE.

AVIGNON.

1. Sucrier et son plateau, à couverte jaune citrin semée de bouquets de fleurs et insectes polychrômés.

SAINT-CLÉMENT.

2. Deux bouquetières de forme carrée et à pans coupés avec cannelures dans les pans et médaillon sur la face, le tout rehaussé d'or (*restaurées*).

3. Beau porte-huilier en forme de nacelle, décoré de bouquets et rehauts d'or (*recollé*).

DELFT.

4. Assiette décorée en camaïeu bleu ; avec écusson au centre, ayant pour tenants deux sauvages armés de massues (*restaurée*).

5. Assiette décorée en camaïeu bleu, d'un paysage animé d'époque Louis XIV (*légère fêlure*).

6. Trois plats, décor polychrôme à compartiments où des iris se mêlent au décor chinois. — Marque au Paon (*à diviser. Une seule de ces pièces est intacte*).

7. Autre plat à décor polychrômé de bleu, de vert, d'orange et d'ocre, lambrequins et pendentifs au marli, corbeille de fleurs au centre. — Genre APK, mais marque WK. (*rattaché*).

8. Plat décoré en polychrômie, de quadrillés et cartouches au marli, sur le fond un jardin chinois avec personnages et pagode. — Marque de Brouwer. (*Restauré*).

9. Assiette à fond vert, à compartiment et à réserves, revêtue d'un décor polychrôme dans le goût chinois, au centre une rosace.

DERUTA.

10. Très joli petit plat à fond ombiliqué; décor réticulé de bleu sur fond blanc rehaussé de citrin; émaux à reflets changeants.

11. Beaux porte-bouquets à décor camaïeu bleu de feuillages et filets; sur la panse un médaillon jaune citrin ombré d'ocre, renferme deux mains stigmatisées surmontées d'une croix.

PALISSY (*ses continuateurs*).

12. Très belle et rare petite écuelle en terre cuite, vernissée d'émail à reflets métalliques; au centre, les armes de Henri IV entourées des colliers d'ordre et surmontées de la couronne royale; sur la courbure du marli, des fleurettes et des anges faisant l'office de tenants; sur les plats des têtes d'anges alternées avec des muffles de lion dans une guirlande de fleurs.

MARSEILLE.

13. Assiette à décor polychômé de fleurettes.— Fabrique de Savy (*restaurée*).

14. Dix assiettes chantournées, décor polychômé de fleurettes au fond et au marli ; sur le bord extérieur de ces pièces un réchampi manganèse suivant le pourtour de l'assiette (*à diviser. — Plusieurs pièces-restaurées*).

MILAN.

15. Très belle et très rare assiette, à décor dans le goût chinois de rouge et de bleu, rechauffé d'or; quadrillés et compartiments remplis de fleurs au marli, dans les fonds un paysage avec une grue fantastique et un papillon. — Fabrique Pasquale Rubati.

MOUSTIERS.

16. Plat de forme ronde décoré en camaïeu bleu d'un filet et de pendentifs au marli; au centre, une belle rosace avec une marguerite en réserve au milieu (*félure*).

17. Très beau et grand plat décoré en camaïeu bleu d'un filet et de lambrequins à réserves, avec pendentifs au marli, au centre une chasse au renard, d'après Tempesta — attribué à Gaspard Viry. (*réparation*).

18. Grand plat à bords godronnés; décor camaïeu bleu de pendentifs au trait, au marli, avec composition de Bérain dans le fond (*rattaché*).

19. Petit plat de forme ovale et à bords découpés, décoré en camaïeu bleu d'une belle composition de Bérain.

20. Grand plat de forme longue et à pans, décoré en camaïeu bleu d'une composition de Bérain ; dans le milieu, un blason portant un coq surmonté d'un tortil de baron (*rattaché*).

21. Grand biberon en forme d'aiguière, décoré en camaïeu bleu dans le goût de Berain.

22. Jolie console à accrocher, chantourné Louis XV, à personnage au centre, réchampie de bleu.

23. Très beau légumier de forme oblongue, avec muffles de lions, formant anses, décoré de manganèse, de trophées d'armes et de feuillages et fleurs dans le style Louis XIV.

24. Très beau plat long et un autre rond à bords découpés et à décor polychômé de bleu, de vert et de jaune, de pendentifs au marli, avec riche bouquet de fleurs au centre.

25. Très belle assiette à décor bleu, jaune et vert de pendentifs au marli ; au centre, une vue des bords de la mer. (*fêlure*).

26. Un plat et trois assiettes, décorés en bleu, de motifs chinois. (*fêlures. — à diviser*).

27. Assiette polychômée de jaune et de vert représentant une chasse (*fêlure*).

28. Beau plat à décor camaïeu bleu, décoré au marli, de bouquets de fleurs, et, au fond, d'une ruine animée de personnage chinois. (*restauré*).

29. Très joli petit présentoir, à bords festonnés, décoré en polychômie d'une rocaille Louis XV, d'où s'échappent des bouquets de fleurs.

30. Belle assiette, à bords festonnés, décorée en po-

lychômie de bouquets de fleurs au marli et d'un amour assis dans un paysage.

31. Jardinière à accrocher, en faïence côtelée, ornée de mascarons et décorée en polychrômie, de grotesques, fleurs et fruits. (*réparée*).

32. Grand et curieux plat, à bords et à anses chantournés; décoré en polychômie, de fleurettes au marli, et d'une ruine dans le fond. (*falure*).

33. Plat rond, à bords chantournés, décoré en polychômie de fleurettes au marli, et d'une ruine animée de personnages chinois dans le fond.

34. Beau plat rond, à bords chantournés, décor polychrômé de fleurs et papillons au marli, dans les fonds des grotesques, et, en dessous, une scène galante, représentant un messager en costume étranger, remettant un pli à une dame de la Cour, désignée par un paon.

35. Six assiettes à bords chantournées, en vert, jaune et bleu, de fleurettes au marli, et de grotesques dans les fonds. (*deux de ces assiettes sont fêlées*).

36. Plat à bords chantournés, décoré en polychrômie de bouquets de fleurs au marli, et dans le fond.

37. Très beau couvercle de soupière en faïence plissée, avec bouquet de fleurs formant bouton; décoré en polychômie de fins bouquets de fleurs et d'amours pêchant, tirant de l'arc, jouant aux cartes et luttant dans des paysages ornés de rocailles Louis XV. (*fêlure*).

38. Très beau et grand cache-pot, à anses torses, décoré en polychrômie de paysages animés, de personnages et de semis de fleurettes. (*fêlure*).

39. Joli petit cache-pot, à anses chantournées ; décoré sur les deux faces de sujets représentant l'apparition de la Vierge, dans un paysage de convention décoré de motifs d'architecture ancienne; au-dessus du sujet, dans une banderolle, le nom de Monstiers; décor polychrôme.

40. Jardinière à deux compartiments, de forme Louis XV, réchampie de vert, avec bouquets polychômés sur les trois faces. (*restaurée*).

41. Légumier de forme chantournée Louis XV, avec mascarons faisant anses, décor bleu chatironé de manganèse.

42. Curieuse assiette à bords chantournés décorée en polychrômie, de guirlandes de fleurs, bouquets et filets au marli; au centre un médaillon mythologique entouré d'arabesques de fleurs et représentant Narcisse à la fontaine.

NEVERS.

43. Deux potiches de fabrication primitive, frottées de manganèse, avec médaillons sertis de jaune, renfermant des paysages vert et manganèse sur fond blanc ; sur le col, un rinceau. (*endommagées*).

44. Joli petit plateau à fond bleu, décor blanc et ocre de filets, feuillages et oiseaux. (*rattaché*).

45. Jolie gourde de forme ronde et à décor bleu ; sur la face, un saint nimbé; sur le dos, une fleur de lys. (*restaurée*).

46. Petite gourde en forme de tonneau avec volutes soutenant le col ; décor bleu, jaune et vert, de fleurettes ; portant sur l'un des bouts la date 1752 et sur l'autre la lettre W.

47. Autre gourde en forme de bouteille et à panse aplatie, décor de manganèse, de bleu et de jaune citrin.

48. Bouteille à bec, décor bleu chatironé de noir, de sujets chinois sur la panse. (*restaurée*).

49. Petit sabot, décor de fleurettes, manganèse rehaussées de bleu.

50. Beau plat à barbe, à décor bleu, chatironé de noir et à réserves, médaillons de fleurs au marli, lambrequins, pendentifs de ferronnerie et sujets chinois dans les fonds.

51. Deux assiettes; décor vert, bleu et jaune, de fleurettes au marli; sur le fond, saint Jean-Baptiste et l'inscription Jean-Baptiste Lanague fils, 1758. (*à diviser*).

52. Jolie aiguière de forme chantournée Louis XV et à anse nattée; décor fouetté de manganèse avec réservés remplies de fleurettes bleues et écusson sur la panse renfermant un paysage animé.

53. Petite bouteille; décor camaïeu bleu, de motifs chinois.

54. Très beau cache-pot à anses et mascarons sous les anses; décor camaïeu bleu à compartiments de sujets chinois. (*une anse refaite*).

NIEDERWILLER.

55. Très jolie pendule en blanc, d'époque Louis XV, composée de motifs rocailles assemblés au pied par un mascaron et s'épanouissant au sommet en tête de palmier; à droite et à gauche, deux enfants grimpent le long de la composition.

56. Quatre assiettes à bords chantournés ; décor de fleurettes polychrômées et de papillons. (*à diviser*).

57. Compotier de forme oblongue, à bords plissés et festonnés ; décor de fleurs polychrômées.

ROUEN.

58. Très rare et beau pied d'huilier à pans ; décor camaïeu bleu, compartimenté, à lambrequins et à réserves.

59. Beau surtout de table, de forme ronde et à quatre pieds, décoré en camaïeu bleu à la partie intérieure et l'extérieur du marli, d'une ceinture de feuillages à réserves et au centre d'une marguerite formant le point de départ d'une belle rosace rayonnante également à réserves.

60. Très belle et rare assiette décorée en bleu, rouge et vert, avec rehauts d'ocre, de motifs de fantaisie dans le goût chinois sur le marli, motifs se reliant avec un sujet à personnages chinois placé dans le fond.

61. Très beau légumier à pans, à décoration polychrôme intérieure et extérieure de lambrequins quadrillés et pendentifs en réserve sur fond bleu ; au fond, une corbeille de fleurs ; le couvercle, avec bouton formé d'un serpent enroulé, est orné de riches pendentifs et de guirlandes de fleurs à réserves ; le plateau est pareil au couvercle. (*restauré aux anses*).

62. Jolie boîte à épices, décorée de compartiments remplis de quadrillés et de fleurs, sur le couvercle des fleurettes dans un entourage quadrillé; ornementation polychrôme. (*légère restauration*).

63. Beau plat à bords découpés, décor polychrôme de quadrillés à réserves et compartiments remplis de fleurettes au marli; au centre, un bouquet de grenades d'où rayonnent des branchages chargés de fleurettes et de grenades. (*restauré*).

64. Deux beaux pieds d'huiliers à huit pans avec mascarons formant anses, riche décor polychrômé de fleurs. (*à diviser*).

65. Cuvette et assiette, décor polychrômé à la corne — très beaux émaux. (*à diviser*).

66. Deux paires d'huiliers avec leurs burettes, décor polychrôme en fleurettes. (*à diviser*).

67. Un légumier, prolychrômé de quadrillés et fleurettes avec serpent enroulé faisant bouton. (*fêlé*)

68. Très curieux chauffe-main à décor polychrômé de marbrures, portant l'insoription suivante : Toinon Gayé fame Gayé des ınuran a Lavordi 1797.

SAVONE.

69. Rare compotier à bords festonnés et marli ajouré, décor camaïeu bleu; au centre, un guerrier armé d'une lance dans un cartouche, quatre autres médaillons sur le bas du marli renferment des grotesques; un semis d'oiseaux, feuillages et fleurettes est jeté sur le tout.

70. Beau surtout à bords découpés et décoré en camaïeu bleu; au centre un cadre armorié, décoré aux angles de coquilles réunies par des cartouches renfermant des amours.

71. Assiette décorée en polychrômie de l'aventure de la chaste Suzanne.

SINCENY.

72. Saucière et petit sabot décorés dans le goût chinois, de feuillages et insectes. (*à diviser*).

SCEAUX.

73. Très beau brûle-parfum en forme d'urne à anses et à couvercle ajouré, surmonté d'une rose formant bouton; riche décor polychrôme de roses sur la panse, perles sur le pied et feuillages avec nœud au col, le tout réchampi d'or et de rose. (*légère restauration*).

TRÉVISE.

74. Petite théière de forme chantournée à décor polychrôme de fleurettes.

TRIESTE.

75. Deux plats à décor polychrôme et à reflets métalliques, dans le goût hispano-mauresque. (*à diviser*).

PORCELAINES FRANÇAISES ET ETRANGÈRES

CHINE.

76. Six tasses à café et leurs soucoupes, décor à compartiment et à réserves de fleurs au naturel. *(à diviser).*

77. Douze assiettes, décor au naturel de lambrequins à réserves de fleurettes, pendentifs quadrillés au marli et bouquet de fleurs dans les fonds. (*à diviser*).

78. Deux grandes et belles potiches, décor au naturel de fleurettes et arabesques sur fond bleu, dans des cartouches des paysages animés ; au-dessous et sur le col, des lézards et des lions en relief.

JAPON.

79. Légumier avec son plateau à décor bleu.

80. Deux plats et une théière, décor bleu, rouge et or compartimenté. (*félure. — à diviser*).

INDES (Compagnie des).

81. Joli petit sucrier décoré de quadrillés roses et de fleurs au naturel.

LIMOGES.

82. Porte-bouquet décoré de guerriers sur la panse, et réchampi d'or.

MARSEILLE.

83. Très belle et très rare assiette décorée de fleurettes

au naturel, dans le gout de saxe, et chantournée d'or, catalogue Davilliers.

WEDGWOOD.

84. Camé sur fond bleu (Handel).

85. Vase à fond bleu avec sujets galants.

MEUBLES DES XVe, XVIe ET XVIIIe SIÈCLES,

VERRERIE NORMANDE, ÉTAIN DE BRIOT,

BRONZE GRECO-ROMAIN, PLATS EN CUIVRE REPOUSSÉ,

FLAMBEAUX, ETC.

86. Petit coffre en chêne sculpté, avec panneaux gothiques à fenestrages et serrure du temps.

87. Très rare statuette de la fin du xve siècle, en chêne sculpté, Saint-Jacques avec sa coquille au chapel, la besace en sautoir et le chapelet à la main, la ceinture supporte une aumônière et des armes en partie cachées; riche décoration polychrôme à fond d'or sur enduit (attribuée à Gluter.)

88. Très belle crédence gothique en noyer mouluré, décorée sur la face et dans les fonds de panneaux fleurdelisés dans des fenestrages, avec bandes de ferrures ajourées et verrous pareils; sur les tiroirs l'inscription : *si qua fata sinant.*

89. Autre pareille, avec tiroirs à fenestrages et panneaux plissés dans les fonds.

90. Très belle chaise en noyer mouluré, à haut dossier abattant, faisant scriptionale, décorée de pilastres ioniques sur les montants et d'un portique dans le fond, les appui-coudes composés de volutes renversées sont supportés par des balustres tournés.

91. Belle table de milieu en noyer sculpté d'époque Henri II, portée par neuf colonnes cannelées, sur un socle en croix de Lorraine.

92. Très beau bahut du XVIe siècle, en chêne sculpté ; sur la face des panneaux représentant : l'Annonciation et la naissance du Christ, séparés par une Diane chasseresse ; les angles sont formés de deux cariatides portant l'une une corne d'abondance, et l'autre une corbeille de fleurs ; coquilles et entrelacs sur les parties moulurées, godrons sur le socle et cuirs sur les bouts ; serrure et entrée de l'époque.

93. Beau bahut du XVIe siècle, en chêne sculpté, sur la face les quatre vertus théologales, séparées par des demi-balustres à godrons, au centre, Sainte-Barbe ; sur les bouts des panneaux élégis ; serrure de l'époque.

94. Grand coffre du XVIe siècle, décoré de panneaux de feuillages formant médaillon et renfermant des personnages en buste, alternés avec des panneaux de branchages, au centre, un blason à initiales, sur les bouts des panneaux de branchages.

95. Cinq panneaux, bois sculpté du XVIe siècle, personnages et fenestrages.

96. Petite niche en bois sculpté du XVIIe siècle, accolée de volutes et reposant sur un cul de lampe formé de feuillages.

97. Table Louis XIII, supportée par des torses sortant de balustres réunis par un X.

98. Table Louis XIII, en noyer sculpté et à pieds tors.

99. Un vaisselier, fin XVIe siècle, en noyer, mouluré avec galeries à balustres.

100. Un vaisselier Louis XIII, noyer mouluré, avec armoiries au fronton, et demi torses sur les montants.

101. Six chaises Louis XIII, en chêne, à hauts dossiers et à pieds balustres.

102. Deux beaux chenets en cuivre poli, d'époque Louis XIII, ornés de têtes d'anges et de fleurs de lis sur des socles surmontés de grosses boules.

103. Deux tabourets de pied, d'époque Louis XIII.

104. Buffet à deux corps et à quatre portes, chêne sculpté, d'époque Louis XIII, décoré de coquilles déchiquetées et de rocailles.

105. Très belle glace Louis XIV en bois sculpté et doré, de forme carrée, avec mascarons aux angles et haut fronton surmonté d'une tête de femme.

106. Petite glace Louis XIV à cadre bois doré et glace, surmonté d'un fronton cintré.

107. Beau fauteuil Louis XIV, de forme carrée, en noyer sculpté et à X.

108. Quatre beaux fauteuils et quatre chaises Louis XIV, de forme carrée, en noyer sculpté et à X.

109. Joli fauteuil de bureau, bois sculpté, d'époque Louis XV, à dossier et siége cannés.

110. Jolie petite commode à devant arrondi, marqueterie de palissandre rehaussée de bronze doré et époque Louis XV.

111. Petit secrétaire à abattant et à pans cannelés, marqueterie de bois de rose et de palissandre, avec bouquet de fleurs au centre.

112. Couche en bois peint, Louis XVI, à pieds cannelés et pommes de pin sur les montants ; baldaquin pareil à la couche, avec belle rosace au centre.

113. Console fin Louis XVI, en acajou, avec galerie ajourée, filets et canelures de cuivre dans les pieds.

114. Très belle armoire normande, en noyer sculpté, décorée de feuillages imbriqués sur les montants; sur les portes, des grafitti rappelant les dessins de dentelles.

115. Trois biberons en verre, forme auguière. (*à diviser*).

116. Gourde en verre, ajourée au centre, décorée de bandes côtelées sur les côtés et de pastillages sur la panse.

117. Deux jolis verres à pied en forme de tulipe, nattés et cannelures sur la coupe, cordelés, formant nœud au-dessous.

118. Jolie aiguière en verre gravé, d'époque Louis XVI.

119. Deux flambeaux en cuivre gravé et doré, d'époque Louis XIV.

120. Deux flambeaux, cuivre côtelé et poli, d'époque Louis XV.

121. Sucrière en étain tournassé, ciselé et ajouré, d'époque Louis XIV.

122. Jolies petites cafetières en étain d'époque Louis XV (*à diviser*).

123. Très belle écuelle en étain fondu et reciselé à oreillettes ajourées ; sur le couvercle, dans des cartouches séparés par des arabesques : des anges jouant de la trompette et une colombe portant un rameau. — Motif de décoration de Briot.

124. Deux écuelles à décor d'arabesques. (*à diviser*).

125. Beau plat en cuivre repoussé et doré représensant Adam et Eve dans le Paradis terrestre.

126. Plateau d'aiguière en cuivre repoussé, décoré de fruits et guirlandes.

127. Petit coffret en cuivre, époque Louis XIV.

128. Petite tasse à déguster les vins, en cuivre doré d'époque Louis XVI, au fond le baptême du Christ.

129. Petit mortier en métal de cloche du XVIe siècle, décoré de figures formant mascarons.

130. Serrure de coffre du XVe siècle avec moraillon en forme de gargouille.

131. Dessus de fauteuil Louis XIII en cuir gauffré.

132. Petit cadre carré et petit cadre à fronton en forme de nœud, bois sculpté et doré d'époque Louis XVI *(à diviser)*.

133. Deux petites fioles à parfums, dites lacrymatoires.— époque romaine.

134. Jolie statuette de Sylène, bronze à patine verte d'époque romaine *(bras et phallus fracturés)*.

135. Un lot monnaies romaines en argent, des César. *(à diviser)*.

136. Petite bonbonnière en écaille blonde avec sujet gouaché.

137. Cuiller à sucre en argent ajouré et à coquille. — Contrôle ancien.

138. Jolie chatelaine en cuivre doré d'époque Louis XV, ornementation rocaille et personnages.

139. Deux pistolets à canons damasquinés, batterie à pierre et contre-platine ciselée, avec beaux mascarons sur le pommeau.

140. Beau violon ancien, au nom du Marquis de Lair d'Oiseaux, imprimé au feu sur le dos.

DESSINS ET TABLEAUX.

141. Andrieux. — *Soldat fumant*, in-folio crayon. — Très joli dessin signé ; très vrai.

142. Anonyme. — *Bandit corse.* — Curieuse aquarelle et plume romantique.

143. Baron. — *Homme Louis XV assis.* — Esquisse au lavis.

144. Beaumont (Ed.). — *Le Perroquet* (contes Rémois de Chevigné). — Jolie aquarelle pour illustrer, non gravée. — Pièce exquise, garantie.

144 *bis.* — *Deux Lorettes,* ravissante pièce aquarellisée, garantie.

145. Beaumont (Ed. de). — *Aquarelle,* jolie caricature in-4°.

146. Bertall. — *Thiers.* Croquis charge crayon et aquarelle.

147. Bertall. — *Quêteurs.* Joli dessin charge à la plume in-8°, bien authentique.

148. Bibiena. — De curieux croquis d'architecture intérieure de monument.

148 *bis.* — Un autre analogue.

149. Billotey. — *Eventail,* grande gouache représentant des soleils en fleurs, superbe dessin.

150. Boitard. — *Bateau de pêche,* croquis au crayon.

151. Bonington. — *Groupe de barques et falaise,* aquarelle. — Pièce remarquable signée, provient de l'album de la duchesse de Montebello.

152. Boissieu. — *Deux Portraits*, dessins originaux de toute beauté — une tête d'homme et une tête de femme d'une expression remarquable.

153. Bouché. — *Homme nu assis*, superbe sanguine in-folio d'une exécution remarquable.

154. Boulanger (L.). — *Mort de Messaline*, signée L. B. Beau dessin au crayon, a paru dans « l'Artiste ».

155. Briot.— *Vase*, plume et lavis (cachet de la coll. Detouche).

156. Callot. — *Gueux et Estropiés*, trois personnages à la plume — Pièce superbe, un peu fatiguée.

157. Caran d'Ache et Luque. — *Portrait de Puvis Chavannes*, avec un tableau. — Jolie pièce, garantie.

158. Caran d'Ache. — *Soldat empire*, dessin à la plume, amusant, in-8°; garanti.

159. Caricature. — *Louis XVIII en barque*. — Très curieuse pièce.

160. Cabanel. — *Etude de femme* mi-corps, à la sanguine. Jolie pièce.

161. Cham. — *Classe du soir*, jolie caricature in-folio au crayon. — Signée.

162. Cicéri. — *Paysage*, au crayon conté et blanc.

163. Cicéri. — *Effet de soir*, jolie gouache.

163 *bis*. *Paysage*, jolie aquarelle signée, 1838.

163 *ter*. *Paysage*. jolie aquarelle.

164. Cochin. — *Profil charge*, à la sanguine. — Curieux.

165. Cochin. — *Tête de moine*, profil à la sanguine.

166. Coignet (J.). — *Deux vieux arbres*, crayon et gouache. — Belle pièce in-8° signée.

167. Court. — *Tête de femme*, très belle aquarelle d'un fini exquis (vente Baudry).

168. Couture (Th.). — *Sanguine*. — Tête d'homme émaciée, belle pièce.

169. Daumier. — *Bourgeois*, aquarelle. — *Voyou*, aquarelle. — Deux jolies pièces grotesques, in-8°, elle portent le monogramme H. D.

170. Delacroix. — *Sortie de mosquae*, étude au crayon.

171. Delacroix. — *Tigre*, beau dessin au crayon noir, in-folio en travers, — a été gravé.

171 *bis*. *Sanglier*, dessin au crayon noir, belle pièce; au dos, étude à la sanguine, de sangliers.

172. Delacroix (Eug.). — *Dessin d'atude*, plume et crayon. — *Trois turcs* — a été gravé et fixé à la thérében-thine; pièce fort belle.

173. Delaroche (P.) — Fusain. — *Tête d'homme*, jolie pièce un peu effacée.

174. Desportes. — *Interieur*. — Très beau fusain rehaussé de blanc, trois personnes le soir à une table. — Effet de lumière superbe, signé; daté 1867.

175. Dessin XVIIe.— Curieuse figure d'*homme vomissant*, genre Callot.

176. Deveria. — *Front*, in-18 à la sépia. — Jolie pièce.

177. Deveria. — *Illustration* des lettres d'une péruvienne. — Suite complète de trois sepias, in-18 absolument ravissantes, accompagnées des gravures. — Garanties.

178. Doré (Gustave). — *Dessins croquis*, au crayon, genre caricature. — *Une femme de dos*. — *Deux femmes* en mer. — *Un voyageur sur un bateau*. — *Une femme lisant*. — Belles pièces garanties.

179. Draner. — *Amiral Suisse*, aquarelle et plume. — Bon dessin garanti.

180. Duplessis-Bertaux. — *La guillotine.* — Curieux dessin, fin XVIIIe siècle.

181. Darandeau. — *Libre échange*, caricature à 2 crayons. — Superbe dessin satirique, signé, avec envoi autog.

182. Ecole du XVIe siècle. — *Faunes et nymphes* curieux dessin à la plulme et lavis, signe B. S. barrée d'un I, daté de 1548, dans le goût des illustrations de Poliphile.

183. Ecole francaise. — *Le Christ guérit un malade*, très beau dessin à la plume rehaussé de blanc.

184. Ecole française du XVIIe siècle. — *Baptême du Christ*, joli croquis à la plume.

185. Ecole trançaise. — *Beau dessin* au crayon noir poli.

186. Ecole français. — *Assomption*, croquis à la plume, pâli.

187. Ecole hollandaise. — *Christ en croix*, très beau desssin plume et sépia XVIIe siècle.

— *bis*. — *Tête d'homme tirant la langue*, joli croquis à la plume, XVIIe.

— *ter*. — *Le Christ et Nicodème*, dessin et lavis, XVIIe.

188. Ecole italienne. — *Dieu et deux Anges*. — Superbe dessin XVIIe à la plume, d'une grande vigueur.

189. Ecole française. — *Belle tête d'homme*, XVIIe siècle.

190. Ecole italienne. — Esquise à la plume, in-4°, travers.

191. Ecole italienne. — *Assomption d'un saint*, très belle plume et sépia, in-8°, XVIIe siècle.

— *bis*. — *Amours*, croquis à la plume, XVIIe siècle.

— *ter.* — ***Frileuse***, beau dessin au crayon noir, XVIIe siècle.

— *quart.* — *Guerrier à cheval fantastique*, beau crayon, XVIIe siècle.

— *quint.* — *Homme mourant*, croquis à la plume.

192. Fau (Fernand). — *Au Salon*, dessin original à l'encre, sur papier proclédé; très belle pièce, a été gravée.

193. Ferdinandus.— *Nains grotesques jouant aux boules avec des crânes.* — *Princesse,* dessin à la plume un peu relevé d'aquarelle; ravissante pièce.

194. Froment. — *Amour*, lavis rose sur fond bleu, composition décorative.

195. Fromentin (Eug.). — *Chameaux dans le désert,* aquarelle, encadrée. — Ravissante aquarelle d'un fin coloris signé E. F. entrelacés.

196. Galice.— *Préparatifs du 14 Juillet*, joli dessin à la plume ; garanti.

197. Gambard (Ary.). — *Page de calendrier*, in-folio. — Ravissante pièce signée, représentant une danse de marionnettes devant un œuf d'où sort la nouvelle année : Pierrot, Polichinelle, etc. le cadre avec les saisons représentées sous figures d'enfants ; garanti.

198. Gavarni. — *Général republicain*, crayon rehaussé d'aquarelle ; in-fol., pièce superbe.

— *bis.* — *Homme masqué*, in-8-°, crayon et lavis signé; jolie pièce très fine.

— *ter.* — *Son portrait par lui-même*, crayon in-folio : très beau dessin fini, Pièce remarquable.

199. Géricault. — *Chevaux de troupe à l'abreuvoir.* —

Très belle esquisse, 45 c., 27 cent. en largeur, sur toile au bitume — Les chevaux sont groupés et exécutés d'une manière remarquable.

200. Géricault. — *Le maréchal-ferrant.* — Deux études à la sanguine pour son tableau du maréchal-ferrant. Belles pièces intéressantes.

201. Gessner (S.). — *Deux Vieillards*, joli croquis à la sanguine.

202. Giacomelli (?). — *Oiseau mort.* — Joli dessin lavé ; piqûres d'humidité.

203. Giraldon. — *Cloître de la Grande-Chartreuse,* entourage, style des missels.

204. Giraud. — *Nègre*, étude aquarellisée. — Bonne pièce avec le *cachet de sa vente.*

205. Goltzuis. — *Satyre découvrant une nymphe*, un amour le frappe. — *Beau dessin* rehaussé de lavis, in-8°. — Jolie pièce, un coin réparé.

206. Grandville. — *Scène d'intérieur,* dessin au crayon (avec le cachet de la vente Grandville). — *Général,* très beau dessin à la plume, in-8°, terminé et signé, garanti. — *Scène de Carnaval*, beau crayon garanti.

207. Greuze (école de). — *Jeune fille assise lisant.* — Grand dessin in-folio, d'une grâce charmante, aux deux crayons. — Jolie pièce.

208. Guerchin. — *Jeune homme*, croquis à la plume.

209. Guide (le). — *Martyr de Saint-.....* — *Belle et grande composition*, plume et lavis, in-folio. — Au centre, un saint à genoux, lapidé par des soldats, prie Dieu que l'on voit dans le Ciel.

210. Huet. — *Sepia*, in-8°. — Jeune fille causant à un oiseau; buste. — Jolie et fine pièce.

211. Ingres. — Curieuse *étude au crayon*, très finie, un homme nu, de dos, salue; il a une giberne, un sac, un grand chapeau de 1830. — Pièce importante, garantie. — Etude de femme, académie, à la sanguine, fort délicate.

212. Isabey. — *Trois mât*, croquis au crayon, signé, daté 1830.

213. Jacques (Ch.). — *Tête d'homme*, charge, signée Ch. J.

214. Johannot. — *Guet-apens*. — Beau dessin in-8°, à la plume et au lavis, dans le gout romantique pur.

215. Johannot (Tony).— *Dame et chevalier*, aquarelle.— Jolie pièce, signée et datée, 1840.

216. Jouvenet. — *Isaïe*, joli dessin in-8°, à la sanguine.

217. Juhet. — Composition sityrique, *Evêque en goguette*, aquarelle. — Jolie pièce.

218. Lamy. — *Cavalier saluant une jeune femme*. — Joli dessin au crayon mine de plomb.

219. Léonard de Vinci. — *Caricatures*. — Sanguine et plume (collection Bochard). — Remarquable pièce.

220. Lepeudry. — *Scène d'atelier*. — Un peintre, un homme, une femme assise. — Très jolie aquarelle traitée en miniature.

221. Marie (Adrien). — *Intérieur d'église*, plume et papier procédé.

222. Marcelin. — *Page d'album*, dessin plume et lavis : une femme pianote, un gommeux approuve. — Charmante légende au bas.

223. Marillier. — *Sorcier*, plume et lavis. — Très joli dessin, un côté fatigué.

224. Meissonnier (attribué à). — *Un Grenadier debout*, jolie esquisse à l'huile sur papier, dans le goût du maître.

225. Monnier (H.). — *Deux Croquis*, crayon et aquarelle.

226. Monnier (Henry). — *Madame Prudhomme*, aquarelle signée et datée. — Joli dessin, garanti.

227. Monnier (Henry). — *M. Prudhomme*, in-folio. Très belle aquarelle, signée, garantie, remontée, belle pièce.

228. Monnier (Henry). — *Déjazet*, portrait à la mine de plomb, signé et daté 1872. — Pièce remarquable, composition ravissante, garantie.

229. Monnier (Henry). — *Portrait de Fontenay*, du Vaudeville, esquisse au crayon pour faire une lithographie ; la lithographie en couleur y est jointe. — Jolie pièce, garantie.

230. Morin. — *Une chasse Louis XIII*, joli dessin au conté.

231. Moreau le jeune. — *Virginie se promenant*, jolie sépia pour l'édition — in-18 — de 1799. Rare.

232. Moreau. — *Frontispice*, lavis pour la Pucelle, in-16. Signé : J. M., Moreau le jeune.

233. Myrbach. — *Groupe de bookmakers à Longchamps*. Joli dessin à la plume.

234. Nanteuil (Cel.). — *La Croix d'Héricourt* (Seine-Inférieure), dessin à la plume.

235. Neuville (A. de) (?). — *Croquis de zouaves*, à la plume.

236. Nick, — *Chinois*, jolie charge à la plume.

237. Nuitter. — *Legouvé* (portrait), charge au crayon rouge, brun. — Très belle pièce, in-folio.

238. Pasquier (J.-B.). — *Virginie enfant*, très fine pièce aux deux crayons.

239. Pastels. — *Deux Etudes*, vache de dos et étable, fort curieuses et fort belles ; l'une porte le monogramme de J.-F. Millet (?).

240. Philippoteaux. — *Jeanne d'Arc*. — *Le Siège de Calais*. — *Chevalier*. — Trois dessins mine de plomb, très fins et très poussés.

241. Prud'hon. — *Le Zéphir*, d'après le tableau du Louvre. — Grande aquarelle de toute beauté, traitée en miniature, in-folio ; pièce importante.

242. Raffet. — *Barricades*, page d'études au crayon, superbes comme conception du dessin et comme facture.

242 *bis*. — *Sept Personnages hâlant un bateau*, belle étude, pendant de l'autre.

243. *Réunion chez Bidel*, beau dessin, in-folio, sur papier procédé ; a été gravé.

244. Robert (Hubert). — *Très beau dessin original*, plume et lavis, représentant l'Arc-de-Triomphe et ses ruines. — Pièce remarquable, garantie.

245. Robert (Léopold). — *Piccadores*, jolie sépia, in-8°, signée Ld. Robert à gauche.

246. Romain (Jules). — *Bataille antique*, très beau dessin original, plume et lavis, à personnages et chevaux fantastiques.

247. Rosa Bonheur. — *Croquis de chèvre*, in-18.

248. Salvator Rosa. — *Apollon écorchant le satyre Marsyas.* — Très remarquable dessin, in-folio, d'une exécution serrée et superbe.

249. Scheffer (Ary). — *Pèlerins,* petit dessin, fin, au crayon.

250. Saint-Aubin (Gabriel). — *Homme assis écrivant,* joli crayon dur.

251. Sauvageot. — *Deux Chiffonniers,* jolie aquarelle, signée, légère tache à l'angle.

252. Sigalon. — *Amour*, esquisse plume et sépia, signée.

253. Somm (Henry). — *Parisienne,* joli dessin à la plume, garanti.

254. Stein. — *Cheminée de Chenonceaux,* beau dessin in-8°, à la plume.

235. Tempesta. — *Dragon tué par un soldat romain,* beau dessin, plume et lavis.

256. Tiepolo. — *Leda,* joli croquis à la plume, très enlevé.

257. Travies. — *Bouquiniste,* joli dessin original, à la plume, signé C.-J. T., garanti.

258. Veiden (van der). — Croquis à la plume : *Femme nue.*

259. Vernet (Carle). — Seize types de *Grotesques à cheval.* — Curieux dessin pour une image populaire, belle pièce.

260. Vernet (Carle). — *Huit Têtes à la plume,* caricatures fines et amusantes.

261. Vernet (J.). — *Mariage de paysans au bord de la mer,* curieux et joli dessin, plume et lavis.

262. Vernet (Carle). — *Joli dessin* à la plume, au trait; nombreux personnages et chiens. — Belle pièce.

263. Vernier (C.). – *Philippe VI à cheval,* in-8°, fin, crayon dur.

264. Vierge (Ar.). — *Intérieur espagnol.* — Joli croquis mine de plomb, garanti, rare.

265. Vouet. — *Dessin allgéorique*, pape, cardinaux. — Très belle étude in-folio obl., à la sanguine.

266. Watteau. — Une page d'études, *Femme assise lisant.* — *Tête de jeune homme.* — Remarquable dessin; une tache d'huile à un coin.

267. Wilette. — *La Mort prend une femme couchée*, un homme l'éclaire; crayon et gouache blanche. — *Très curieux* et *léger* dessin, signé, à la plume, un peu fatigué. — Belle pièce.

268. Willette — *Trois croquis à la plume*, garantis vrais.

269. Wilette. — *Joli dessin* à la plume, lettre P., sur la lettre s'appuie Victor Hugo, au pied, un potache assis.

270. Wilette. — Joli croquis à la plume, *Femme faisant des crêpes.*

271. Wilette. — *Acad micien.* — Joli dessin à la plume représentant un académicien dans un faux col formant la lettre C. — Garanti.

272. Wilette. — *Wagnerisme,* joli dessin à la plume. — Garanti.

273. Wouvermans. — *Convoi d'armée*, très beau dessin à l'encre de Chine, rehaussé de blanc, d'une facture remarquable. — Forme un tableau.

274. Corot. — *Vue de Ville-d'Avray.* — Tableau peint à l'huile, sur toile, 44 cent. de hauteur 31 cent. de largeur, cadre doré. — *Très belle* étude signée COROT, d'une jolie coloration nacrée, GARANTIE ABSOLUMENT AUTHENTIQUE. — On donnera à l'acquéreur son origine.

275. Courbet. — *Sous bois.* — Panneau peint à l'huile, 23 cent. de hauteur sur 38 cent. de largeur, cadre doré. — Très belle étude au pinceau et au couteau, signée G. Courbet, d'une absolue authenticité, bien poussée, et d'une finesse de tons remarquable.

276. Delacroix. — *Tigres,* étude sur toile, 37 c. 20 c., cadre doré. — Remarquable de coloris comme toutes les productions de Delacroix, signée E. D. à gauche. — Cette étude a été remontée sur toile à chassis très habilement, deux petites cassures à deux coins, sans importance. — Belle pièce.

277. Diaz. — *Groupe de femmes turques dans un jardin,* panneau peint à l'huile, 38 c. 31 c., cadre doré. — Très belle étude signée F. Diaz, 75, d'un coloris éclatant comme toutes les œuvres de ce peintre, quoique d'une sobriété de facture incroyable.

278. Dow (Gérard). — *Médecin à sa fenêtre,* peinture sur bois, 21 c. 14 c., encadrée. — REMARQUABLE PEINTURE du maître Flamand. Ce médecin regarde un liquide rosé dans une bouteille ronde, comme dans la femme hydropique. — Sur le bord de la fenêtre arrondie, en pierre, des menus objets, flacons, bocaux, etc., d'une exécution à la fois parfaite, large et minutieuse. — Le pendant se trouve à la galerie Lacazes, au Louvre.

279. Ecole Flamande. — *Tête de vieillard*, peinture à l'huile, sur bois, 12 1/2 c. 9 1/2. — Jolie chose.

280. Ecole Italienne. — *Sainte Famille*, petite peinture à l'huile, sur toile fine, remontée sur bois, cadre sculpté, doré, ancien, 15 c. 10 c. — Ravissante petite peinture dans le gout de Léonard de Vinci.

281. Fragonard. — *Vénus et l'Amour*, grande sanguine, 50 c. 35 c., encadrée. — Pièce remarquable, d'une exécution grasse et brillante, parfaitement conservée, très vigoureuse de ton.

282. Fragonard. — *Le Serment d'amour*, encadré. — Très belle épreuve ancienne, p. m.

283. Gorguet. — *Grisaille* peinte à l'huile, dernière scène de la *Tosca*, sur toile, 22-30. — Jolie pièce signée.

284. Guy (Louis), peintre lyonnais.—*Tête de moine mort*, 35-32 ; très fine peinture à l'huile sur toile.

285. Halz. — *Tête de soldat moyen-âge*, esquisse peinte, 22 c., 30 c.: très habilement faite.

285. *bis*. — *Mariage de la Vierge*. Grand dessin du XVIe siècle, à la plume, sobrement relevé de lavis. Remarquable composition d'une exécution merveilleuse rappelant les grands maîtres italiens. Une attribution, signature ancienne, la donne à P. Véronèze. Nous le trouvons plus doux comme dessin, et l'on peut attribuer cette œuvre à l'atelier de Raphaël.— Pièce capitale.

286. Marillier. — *Madeleine repentante*. crayon bistre, 50 c., 30 c., encadré. Très beau dessin d'une exécution parfaite, admirablement conservé.

287. Oudry. — *Renard pris au piège*, peinture à l'huile sur papier monté, cadre doré, 20 c., 28 c.

Ravissante composition pour la fable de Lafontaine; très finie et bien conservée.

288\. *Portrait de jeune princesse.* — Grande toile 1 m., 0 m. 64, dans son cadre ancien en bois sculpté et doré. — Pièce remarquable du XVIIe siècle par son importance et son exécution. La robe est en mousseline à entre-deux de dentelle, grand col Médicis en dentelle. La princesse tient à la main (gauche) un bouton de rose; elle porte la haute coiffure de l'époque avec les ferrets et le nœud de rubans. Dans le coin en haut, à gauche, cette inscription : âgée de sept ans et demie, 1603. Très belle pièce, très beau cadre.

289\. Guerchin (le). — *Tête d'ange.* — Peinture à l'huile du XVIIe siècle, sur toile 36 c., 43 c., cadre doré. — Les cheveux blond vénitien et le manteau bleu véronèze sont d'un effet superbe.

290\. Vernet (Joseph) ou école. — *Marine.* Des contrebandiers débarquent des ballots ; grande toile peinte à l'huile, 1 m., 0 m. 85, sans cadre. — Remarquable peinture pleine de vigueur et d'un coloris très bon ; rentoilée habilement.

291\. Ziem. — *Venise le soir.* Petit panneau acajou peint à l'huile 21 c. 15 c., cadre doré. Jolie pièce d'un puissant effet signée Ziem ; de l'autre côté est écrit Venise : offrant toutes les qualités de coloris du maître.

LIVRES

292. About (Ed.). — Lettres d'un bon jeune homme à sa cousine Madeleine; Lévy, 1861. — Nouvelles lettres; Lévy, 1863. — 2 vol. in-16, br. et 2 couv., édit. orig., rare et recherchée.

293. About (Ed.). — Rome contemporaine. — Question romaine. — 2 vol. in-8°, cart., brod., n. rog., édit. orig. rares; bel ex.

294. About (Ed.). — Le Roman d'un brave homme; Paris, 1880, in-16. -- Ed. or, br., couv. n. r.

295. Adam. — Les Chevilles de M. Adam; Rouen, 1654, veau, rog., fers à froid, tr. d., seconde édit. augmentée, rare.

296. Agneaux (Rob. et Ant. d') frères, de *Vire* en *Normandie*. — Œuvres de Virgile trad. en vers; Paris, G. Auvray, 1583, 2 vol. mar. v. tr. marb. et d. (rel. anc.). — Bel exempl. d'un livre normand de toute rareté; il fut publié et 1 vol., mais M. d'Entragues, dont il porte le fer sur le dos, le fit relier en 2 en faisant imprimer des titres. Le titre orig. avec le bellerophon couronné se trouve en tête de l'Enéïde — de la Bibl. I. Bonaparte.

297. Almanach des Muses, 1793, in-16, veau. — Rare édit. or. de la Marseillaise.

298. Amours de Henri IV (histoire secrète des); La Haye, 1695, in-18, rel. pleine, mar. bleu, tr. dor (Chatelin). — Joli vol. léger.

299. Aquafortistes. — Almanach de la Société, 2 vol. in-fol. cart. — Jolies eaux-fortes, vers de Banville, années 1865-1866, seules parues, très rare.

300. Arène (Paul). — Un Duel aux Lanternes, in-8°, br., n. r. — Joli vol., éd. or., eaux-fortes collées dans le texte, envoi autog. signé.

301. Asselineau. — L'Enfer du Bibliophile ; Tardieu, 1860, brad., n. r., couv. cons. — Edit. or., rare et rech.

302. Asselineau. — Le Paradis des Gens de lettres ; Poulet-Malassis, 1862, 1 vol. in-18, front gr., brod., non rog., couv. cons. — Edit. or., très rare, front de 1er tirage.

303. Asselineau. — La Double vie ; P. Malassis, 1858, in-12, cart. percal, n. r. — Edit. or., titre r. et n. front. ; rare.

304. Aubigné (Agrippa d'). — Aventures du baron de Fœneste, 1731, 2 vol. in-12, avec fig. — Qq. taches d'eau ; rare.

305. Aubigné (Agrippa d'). — Les Tragiques au Dézert, 1616, in-4°, mar. r. jans. (Trautz-Bauzonnet). — Edit. or. de toute rareté, superbe ex. de Guy-Pellion, dans une ravissante reliure du maître relieur.

306. Augier. — Théâtre complet ; Didier, 1857, 5 vol. in-18, br., n. r. — Prem. éd. coll. très rare, 2 vol. débrochés, mais lavés on aurait un exempl. superbe.

307. Auvray. — Le Banquet des Muses ou les Diverses satyres ; Rouen, 1636, in-8°, veau. — Vol. très rare, « pièces licencieuses » ; l'ex. porte fin. et pourtant l'innocence découverte annoncée sur le titre n'y figure pas ; bon ex.

308. Babou. — Les Payens innocents. — Lettres satyriques et critiques. — 2 vol. br. n. r. couv.; Poulet-Malassis, 1869, édit. originales.

309. Bachanales ou loix de Bachus; Gales, 1657 (Valence, 1870), in-8°, pap. de Holl., br., n. r. — Réimpress. à 50 ex., joli vol.

310. Baif. — Mimes et enseignements; Paris, 1597, in-18. rel. pl. mar. vert poli mil. orn. tr. d. (Chambolle-Duru). — Charmant exempl. encollé, réglé, grand de marges; édit. rare.

311. Balzac. — César Birotteau, 1858, 2 vol. in-8°, 1/2 brad., n. r., couv. — Edit. orig., bel ex.

312. Balzac. — Œuvres; Rocolet, 1642, 3 vol., veau.

313. Balzac. — Vautrin (drame); Delloye, 1840, in-8°, br., couv. — Edit. orig.; rare.

314. Balzac. — Le Colonel Chabert, 1886, in-16 carré, br., n. r., couv. — Exempl. sur Japon impérial, avec les merveilleuses illustrat. de Delort, épuisé, rare (50 ex.).

315. Balzac. — Les Cent contes drôlatiques, 1832-33-39, brad. 1/2 toile, n. r., couvertures. — Edit. orig., avec couv., très rare, à toutes marges; le 2me vol. porte sec. éd.; au 3me vol., Berthe la Repentie, qq. feuillets lég. écornés.

316. Balzac. — Les Contes drôlatiques, 5me édit., 1855, brad., 1/2 toile, n. r., couverture. — Superbe exempl. à toutes marges du 1er tirage, rare en semblables conditions.

317. Banville (Th. de). — Camées parisiens; Pincebourde, 1866-1873, 3 vol. brad., couv. cons., non rognés.

— Edit. orig., exempl. parfait, avec le front en 3 états.

318. Banville (Th.). —La Mer de Nice; Poulet-Malassis, 1861, in-16, brad., n. r., couv. — Edit. or., joli vol., rare.

319. Banville. — Amethystes; Poulet-Malassis, 1862, in-18, cart. percal bl., n. r., couv. — Edit. or., envoi aut. signé, couv. viol. cons.

320. Barbey d'Aurevilly. — Les Prophètes du passé; Caen, 1851. — Précieux exemplaire de l'édit. originale, tiré sur gr. pap. vél. pour l'éditeur.

321 Barbey d'Aurevilly. — Les Quarante médailons de l'Académie, 1864, in-16, cart., brad., n. r., couv. — Edit. or., rare exempl., irréprochable.

322. Barbey d'Aurevilly. — Rosa Mystica, in-16 carré, br., n. r., couv.; Caen, 1856. — Publié par Trébutien à 26 ex., pap. vergé, non mis dans le commerec; très rare.

323. Barbey d'Aurevilly. — Du Dandysme et de Brummel; Caen, 1845, in-18 carré, brad., 1/2 mar. gris, n. r., couv. imp., joli portrait de Brummel ajouté. — Bel exempl. de l'éd. or., rare.—Même ouvrage; P. Malassis, 1861, in-18, br., 1/2 toile, n. r., couv.

324. Barbey d'Aurevilly. — Memorandum; Caen, 1856, in-18 carré, br., n. r., couv. — Très rare, éd. or., non mise dans le commerce, à 26 ex. (Poulet-Malassis).

325. Barbey d'Aurevilly. — Les Diaboliques; Dentu, 1874, brad., 1/2 toile, n. r., couv. — Très bel exempl. de l'éd. or., rare; saisie.

326. Barbey d'Aurevilly. — Une Histoire sans nom ; Lemerre, 1882, in-16. — Ed. or., couv., n. r.

327. Barbier (A.). — Les Iambes; Canel, 1832, 1 vol. in-8°, 1/2 rel. veau rouge, cônes, n. r., couv. — Exempl. irréproch. de l'éd. or., rare ; jolie reliure imitée de l'époque.

328. Bartas (Salluste du). — Œuvres ; Paris, 1581. — La Sepmaine ; Paris, 1582, 2 tômes en 1 vol., 1/2 rel. mar. brique. — Edit. rare, exempl. ayant besoin d'être lavé.

329. Basselin et Jean le Houx. — Les Vaux de Vire, publ. par J. Travers, 1833, in-18, br. — Edit. rare.

330. Baudelaire. — Théophile Gautier ; Poulet-Malassis, 1859, in-16, brad., n. r., couv. — Edit. or., rare, front de Théron, 2 portraits-charges de Gautier ajoutés, joli vol.

331. Baudelaire. — Souvenirs, Correspondance, Pièces inédites ; Pincebourde, 1872, in-8°, br., n. r. — Edit. or., en grand papier, très bel ex., rare.

332. Baudelaire. — Paradis artificiels, in-16, Poulet-Malassis, 1860, brad., n. r., couv. cons. — Bel exempl. de l'éd. or., rare.

333. Baudelaire. — Les Fleurs du Mal, Poulet-Malassis, 1861, in-16, cart., brad., n. r., couv. — Bel ex. avec le portrait, par Bracquemont, 1er tirage.

334. Baudelaire. — Fleurs du Mal, suite incomplète d'illustrations, par Hannoteau, double suite des dix eaux-fortes, épreuves d'artiste, sur CHINE AVANT LETTRE et sur Hollande.

335. Baucher. — Dictionnaire d'équitation, Rouen, 1833.

— Méthode d'équitation, 1844, 2 vol. in-8°, gr. in-8°, br., n. r., couv., fig., rares et recherchés, qq. piq. d'hum.

336. Benjamin-Constant. — Adolphe, Conquet, 1889, in-18, br., n. r., couv.; à 200 ex. sur vergé, NON MIS DANS LE COMMERCE.

337. Bensérade. — Les Métamorphoses d'Ovide, traduites en rondeaux, 1714, 2 vol., veau. — Jolies figures à mi-page à chaque feuillet.

338. Belleau-Remy. — Œuvres poétiques, Paris, Gilles, 1585, 2 tomes en 1 vol. in-18, vél. (avec rec.). — Bon ex., éd. rare.

339. Béranger. — Chansons, 1821, 2 vol. en 1, in-18, cart., non rogné; édit ORIGINALE du sec. vol., TRÈS RARE, qq. t. de rousseur. — Bel ex.

340. Bergerac (Cyrano de). — Le Pédant joué, 1658, in-18, cartonné. — Prem. éd.

341. Bernardin de Saint Pierre. Paul et Virginie, Masson, 1839, in-16, br., n. r., couv. ill. - Jolie petite éd. rare, fig. sur chine, titre colorié, texte encadré de bois, vign., bon ex.

342. Bernardin de Saint-Pierre. — Paul et Virginie, Curmer, 1838, in-8°, 1/2 rel. veau fauve, tête dor., non rog. — Exemplaire irréprochable dans une fraiche reliure de l'époque, encollé, bien complet de toutes ses grav. et des papiers de soie impr., il contient en outre le portrait de Meissonnier, sur chine, monté, et une épreuve d'artiste, sur grand chine, du portrait du docteur; de toute rareté en pareille condition.

343. Bertrand (Louis). — Gaspard de la Nuit, Angers,

1842, brad., n. r., couv. — Superbe exemplaire, non rogné, avec sa couverture très fraîche, de ce livre devenu introuvable.

344. Beroalde de Verville. — Le Songe de Polyphile; Paris, Guillemot, 1600, 1 vol. in-4°, front gravé, fig. sur bois, veau fauve, fit à la Dussonit, fleurons, dos orné (Thierry). — Exempl. superbe, encollé, grand de marge, très pur, complet, de la pl. du Priape et des feuillets blancs, dans une ravissante reliure fraîche du gout de l'époque.

345. Bestiaire d'Amour. — Aubry, 1860, in-8°, br., n. r., couv.; nombr. fig.

346. Bèze (Th. de). — Poemata; à la fin, tragédie française d'Abraham sacrifiant, pet. in-8°, mar. r., tr. dor. (Hardy). — Bel exempl. de la bibl. Renard, de ce rare vol. — S. d., mais de Genève, H. Estienne, 1576.

347. Bibliothèque des curieux. — Pincebourde, 1866, in-16, br., n. r., couv., front à l'eau-forte. — Cabarets au XVIIe siècle, 1 vol. — Traité du célibat des prêtres, 1 vol.

348. Bibliothèque Elzévirienne. — Vol. in-16, pap. vergé de Holl., cartonnage percal rouge, de l'éd. n. r.; ces vol. sont presque neufs, beaucoup sont très rares. — Viollet-Leduc. — Six mois de la vie d'un jeune homme (le 1er vol. de la collect. de toute rareté). — Les Caquets de l'Accouchée, 1 vol.; très rare exempl. ay. bes. d'un lavage, rel. fat. — Villon. — Œuvres, 1 vol., ép. — Histoire amoureuse des Gaules, 4 vol.

349. Parangon des nouvelles nouvelles, 1 vol. — Facétieuses nuicts de Straparale, 2 vol. — Violier des

histoires Romaines, 1 vol. — Saint-Amant, 2 vol. (2 ex.). — Rares : XV joies de mariage, 1 vol. — La 16me joie, 1 vol. — *Id.*, 2me édit., 1 vol. — Mémoires de la Guette, 1 vol. — Evangile des Quenouilles, 1 vol. — Œuvres facétieuses de Du Fail, 2 vol. — Nouvelle fabrique des excellents Traits, 1 vol.— Roger de Collerye, 1 vol. — J. de Lescural, 1 vol. — Temple des Oracles, (fig.), 1 vol. — Nouvelles françaises, 2 vol.

350. Bibliothèque Gauloise, cart., perc. verte, n. r., vergé de Holl.— Merlin Coccaie, 1 vol.— Regnier, 1 vol. — Paris Ridicule, 1 vol. — Histoire comique de Francion, 1 vol. (front). — Cent nouvelles nouvelles, 1 vol. — Cyrano, Histoire de la Lune et du Soleil, 1 vol. (front). — Aventures burlesques de D'assoucy, 1 vol. — Cymbalm et Joyeux devis, 1 vol. — Cyrano, Œuvres comiques, 1 vol. — Satyres contre les femmes, 1 vol. (br.) — Chronique de la Pucelle, 1 vol. (1/2 v. r.).

351. Bibliothèque originale, publiée par Pincebourbe, jolis vol. in-18, carré, br., n. r., vergé de Holl., éd. rare, surtout complète comme ici, à chacun, front. eau-forte. — Mort de César. — Pétrus Borel. — Béranger et son temps, par Janin, 2 vol. — Armée d'Egypte (sans front). — Evasion de Bucquoy. — Mystificat de Caillot Duval. — Fréron, par Monselet.

352. Blaze. — Le Livre du Roy Modus, 1839, in-4°, mar. r., tr. d., dos orné, milieux, attribus de chasse (Petit). — Très bel ex., pap. de Holl., belle reliure, rare et recherché, fac-simile goth. de l'éd. or.

353. Blessebois. — Théâtre, 1869, br., n. r., couv. réimp., pap. vergé, à 132 ex. — Le Zombi du Grand Pérou, Bruxelles, s. d., pap. de Holl., à 500 ex. — Le Lion d'Angelie, *idem*.

354. Boileau. — Œuvres, Jouaust, 1876, 2 vol. in-12, br., n. r., couv., papier de Hollande.

355. Boileau. — Œuvres diverses; Barbin, 1685, avec privilège; veau, armes, édit. rare, exempl. un peu sali, grandes marges, figures.

356. Boileau.— Le Lutrin; Lyon, 1862, Scheuring, in-4°, cart., éd. n. r. — Jolie édit., bel exempl., pap. vergé de Holl., teinté avec les en-têtes et front. de de Fréd. Hillemacher, à l'eau-forte.

357. Borel Pétrus Champavert. — Contes immoraux; Renduel, 1833, in-8°, 1/2 rel., mar. isab., coins, n. r., tête dor. (Allô). — Edit. or., très rare; Vignette de Gigoux; on a ajouté le tirage à part ancien de la vignette rarissime et l'eau-forte d'après le bois; bel ex.

358. Bouilhet. — Poésies, 1859, in-16, cart., brad., 1/2 toile, n. r., couv. cons. — Très bel exempl. avec envoi aut. signé, rare et recherché.

359. Bois-Robert. — Epîtres en vers et œuvres poétiques; Paris, Courbé 1659, mar. r., jans. (Dupré); prem. éd., avec privilège du poête normand.— Joli exempl. dans une jolie rel. neuve.

360. Bossuet. — Oraisons funèbres; Mame, 1869, in-4°, 1/2 rel., mar., br., tr. dor. — Jolie édit. avec les fig. de Foulquier, dans le texte.

361. Bouilhet. — Melœnis, 1851, gr. in-8°, cart., brad., n. r., couv. — Edit. orig., non mise dans le commerce, envoi aut. signé, très rare.

362. Boulmier. — Les Villanelles; Lisieux, 1878, in-18, br., n. r. — Ed. or., joli vol. sur pap. de Holl., imprimé en rouge et noir, épuisé.

363. Bouquet. — La troupe de Molière à Rouen; Paris, 1880, in-18, pap. vergé de Holl., eaux-fortes de J. Adeline, épuisé, rare, belle lettre autog. ajoutée.

364. Bourgeois. — (Sage-femme de la reine); observations sur la stérilité, 1626, avec privilège, in-8°, vélin (à besoin d'être lavé). — Vol. très rare, joli front et deux portraits de Mme Bourgeois et de Marie de Médicis; suit le récit véritable de la naissance des enfants de France; instruction à ma fille, et dernières observations, opuscule qui manque souvent.

365. Brantome. — Vies des Dames galantes; Leyde, 1666, 2 vol. in-16, veau. — Edit. elzév., rare.

366. Brivois (J.). — Bibliographie des ouvrages illustrés du XIXe siècle, 1883, in-8°, 1/2 rel., n. r. — Vol. précieux pour les édit. orig., les premiers tirages. — Ex. superbe interfolié pour additions.

367. Brocéliande et ses Chevaliers; Rennes, 1839, in-8°, pap. vergé de Holl., veau fauve, tr. dor. (Petit).

368. Cabinet du Bibliophile, à 320 ex. sur vergé. — d'Aubigné, le Printemps, 1 vol. — Maximes de Sablé, 1 vol. - Amusements Sérieux et Comiques, 1 vol. — Poésies de Tahureau, 2 vol. — Puce de Mme Desroches, 1 vol. — Abbaye des Conards, 1 vol.

369. Caran d'Ache et Rochefort. — Fantasia, pet. in-4°, br., couv. ill.; premier tirage.

370. Cavaignac (Godefroy). — Dubois (cardinal). — Une

tuerie de Cosaques; 1831, in-8°, brad., n. r.,. — Ed. or. de ce rare romantique.

371. Cervantes. — Don Quichotte; Dubochet, 1836-37ʻ 2 in-8°, 1/2 rel. — Premier tirage, bon ex., qq. piq. d'hum., une transposition de pages.

372. Chateaubriand. — Atala René; le Normand, 1805, cart. brad., 1/2 croch., n. r. — Bel exempl. à toutes marges de l'édit. or, très rare; outre la suite de Garnier on ajouté 12 fig.; épreuves sur chine avant lettre de Johannot, etc.

373. Chatillon. — A la grande Pinte, poésies, préface de Gautier; Poulet-Malassis, 1860, in-16, cart., br., coins, rog. — Rare et recherché.

374. Chevigné (Mis de). — Les Contes rémois; Hetzel, 1843. — 1 vol. in-8°, cart., éd., tr. dor.; fig. sur acier, par Perlet. — Ed. orig. très rare, avec les 2 contes condamnés.

id. Michel Lévy. 1858; in-12 orné, br., n. r., couv. — Exemplaire parfait avec couv.; au premier tirage, des fig. de Meissonnier. — Très recherché.

id. Michel Lévy, 1861; in-16, 1/2 rel., t. d., n. r.; éd, suivante: 1er tirage des dess. de Foulquier.

id. Michel Lévy, 1864; in-16, n. r., couv., nlle éd., texte encadré; pap. vergé. — Rare.

375. Chevigné (ms de). — Les Contes rémois; Jouaust, 1877. — 1 vol. in-16, br., n. r. — Premier tirage des eaux-fortes de Worms.

376. Charron. — De la Sagesse; Daniel Elzévir, 1662. — Vél. anc. bel exemp. d'un bon elzévir.

377. Chassant. — Les Nobles et les Vilains; Aubry, 1857,

in-8°, cart., n. r., couv.; bel ex., pap. vergé de holl., front.

378. Chasse royale de Charles IX; Aubry, 1858; in-12, brad., n. r., couv.

379. Chennevières (m[s] de).—Contes normands de Jean de de Falaise; illustr. de Job. Caen, 1842, in-18, cart., vélin blanc, n. r., couv. — Edit. origin. de toute rareté à 250 ex.

380. Chevalier François (le). — 1606, veau bl., front. gr. — Petit livre de toute rareté, or, d'un joli front sur acier genre L. Gauthier; satyre,, viol contre les favoris.

id. 1606. — Front sur bois, veau écaille, tr. d. — Bel exemplaire.

381. Chroniques, contes et légendes; Dumoulin, 1854, in-4°, couv, ill. — Jolie éd., initiales rouges.

382. Chroniques de Gargantua. — Silvestre, 1834; gr. in-8°, br., n. r. — Tiré à 60 ex. sur gr. pap., les seuls avec les drôleries. — Imp. goth.

383. Cicéron. — De officiis; in-fol., veau; édition vénitienne en lettres rondes, vers 1470. — Orationes. — 1 vol· in folio, veau, 1485; édit. de Venise, enluminures aux capitales; à enlever, un feuillet détaché. Bons exempl. de ces éditions rarissimes du xve siècle.

384. Claude de Morenne. — Poésies profanes. Caen, 1864, in-8° br., n. r., couv. réim. à 190 sur pap de Holl.

385. Cler. — La Comédie à cheval; br. n. r., couv. ill.; premier tirage des ill. de Charlet, etc.; très rare.

386. Cohen. — Guide de l'amatenr de livres à fig. du xviiie siècle, in-8° br., n. r, — Bel ex. de l'édition

complète de ce manuel précieux.—Exemplaire inter. folié pour additions.

387. Collectin Silvestre. — In-16 carrés, pap. de Holl., caract. goth.; br.. n. r., couv. Rares. — Les Sept marchands de Naples. — Mystère de Saint-Martin. Le Romant de Richart. — Le Miracle de de Berthe. — La Nativité de Jésus-Christ. — Miracle de N.-D. de la marquise de la Gaudine.

388. Collection Bijou. — Vol. 18, br., sur Holl., couv. imp., n. r.; édit. à 20 fr. — Aminte du Tasse. Eaux-f. de Champollion. Bois de Giacomelli. — Longus. Daphnis et Chloé. Flameng et Giacomelli. — Epuisé, très rare; qq. piq. comme à tous les ex.

389. Collection du bibliophile (complète), Paris, Bachelin. — Deforenne; in-18, br., n. r., couv.; chaque vol. avec un revissant front. de Staal, à leau-forte. — Elisa Mercœur. — Méry. — Hégesippe Moreau, 2 vol. — Rouget de Lisle. — Lamennais. — Henry Mürger. — Mme de Girardin. — Mme de Lamartine. — Alfred de Vigny. — Gérard de Nerval. — La Lisette de Bérenger. — En très bel état, rare.

390. Commines (Mémoires de). — La Haye, 1782; portr., 2 voi. in-8°, veau, bonne éd., bel ex.

391. Commines. — Chronique et histoire. Paris, Grauleau, 1560; fort in-18, rel., vél. bl. — Edition très rare. — Bel exempl. sauf une tache aux derniers feuillets.

392. Confession de Saint-Thomas-d'Aquin, de la tranquillité et mondicité de conscience... avec l'abyme des tentations de l'ennemi; goth.. in-18, cart., vélin

Paris, s. d. — Plaquette gothique; rare, sur le titre une curieuse fig. sur bois, bon exempl.

393. Contes. Les comptes du monde adventureux, par A. D. S. D. (Antoine de Saint-Didier). Paris, Sertenas, 1555, vél. (rel. anc.). — Bon ex. de ce vol. rarassime; 79 piq. de vers dans la marge du bas, facile à réparer.

394. Contes du Temps passé. — Introd. par le marquis de Varennes; gr. in-8°, cart., tr. dor. — Texte gravé, chaque page avec une en-tête et chaque conte un front. en bistre. — Beau vol. recherché; exempl. inter-folie un peu piqué d'humidité.

395. Coppée (Fr.). — L'Exilée, poésie; Lemerre. 1877; in-4°, br., n. r., couv., éd. or., rare.

396. Coppée. — Edit. Lemerre de pièces séparées, in-16, première édit. sous couv. imp. rapportées; br., non rog. — Le Passant, 1880, 1 vol. — La Grève des Forgerons, 1 vol. — Les Boucles d'oreilles, 1885, 1 vol. — Ea Nourrice, 1886, 1 vol. — L'Enfant de la balle, 1 vol. — Plus de Sang, 1871, 1 vol. — L'Abandonnée, 1871, 1 vol. — Fais ce que Dois, 1871, 1 vol. — Severo Torelli, 1883, 1 vol. — Les Jacobites, 1885, 1 vol. — Le Rendez-Vous (5me édit.), 1 vol.

397. Coppée. — Edit. or., sépar., publ. chez Lemerre; in-16, couv. impr., non r. — Le Trésor, 1880, 1 vol. — Réciis et Elégies, 1878, 1 vol. — Deux Douleurs, 1870, 1 vol. — La Veillée, 1879, 1 vol. 1 vol. — La Maison de Molière, 1 vol. — L'arlésienne, 1 vol. — Le Bénédictin, 1876, 1 vol. — Le Luthier de Crémone, 1876, 1 vol. —Olivier, 1876, 1 vol. – Premières poésies, 1869, 1 vol., rare.

398. Corneille. — Œuvres; 1776, 10 vol. in-8°, mar., gravé. — Bel exemplaire, fig. de Marillier.

399. Corneille (Pierre). — Œuvres; Jouaust, 1877, 5 vol. in-12, br., n. r. couv. — Papier de Chine à 30 exemplaires; publ. à 50 fr., épuisé.

400. Corneille. — Circé, tragédie; Paris, 1675, veau fauve, in-12, tr. dor. — Ed. or., jolie rel., lav. et encollé.

401. Courval-Sonnet, de Vire. — Œuvres; Paris, Rolet-Boutonné, 1621, pl. mar. rouge, filets, tr. dor. (Hardy). — Livre normand de toute rareté, bel exempl., jolie rel., encollé. Il contient les 2 portraits de Courval, par Matheus et L. Gautier; 2 vignettes, dont la Nasse du mariage au titre; au même vol., Satyre menippée des poignantes traverses du mariage — Censure des femmes — du même auteur; qq. feuillets courts.

402. Crinoline (Histoire de la); Aubry, 1859, in-16, 1/2 rel. mar. r., coins, tête dor. n. r., couv. ill. — Joli ex. sur papier jonquille, rare.

403. Cruishanck. — Polichinelle, drame en trois actes, par O. et T. de Penhoet, 1 vol. in-18, 1/2 brad., coins n. r., couv. — 1er tirage des fig. du célèbre caricaturiste anglais; très rare.

404. Curmer (éditions), in-18, br., joli vol. avec encadr. de coul., n. r. — Fénelon, Education des filles. — Lettres de saint Jérôme. — Vie de sainte Thérèse.

405. Cyrano de Bergerac. — Œuvres; Amsterdam, 1709, 2 vol. in-12, veau. — Bel ex. de cette jolie éd., orné de front, portrait et fig. — Œuvres, avec le Pédant joué, à Rouen; Besongue, 1678, in-12, veau. — Première édit.; rare.

406. Daudet. — Les Femmes d'artistes; Lemerre, 1874, in-16, mar. bleu, tr. dor. (David). — Très bel exempl. sur Chine avec envoi signé, dans une jolie rel. fraîche de David.

407. Daudet (Al.). — La Double conversion; Poulet-Malassis, 1861, in-18, 1/2 brad., n. r., couv. — Edit. or., rarissime, à toutes marges, couv., front de 1er tirage.

408. Daudet. — Tartarin sur les Alpes, 1885, in-8°, br., couv. ill. — Bel ex. de l'éd. or.; épuisée.

409. Daudet. — Robert Helmont; Dentu, 1874, in-16, br., n. r., couv. — Ed. or. rare, un coin de la couv. enlevé avec un nom.

410. Daudet. — Les Amoureuses; Tardieu, 1863, 1 vol. in-18, brad., couv. cons., n. r. — Joli et rare vol.

411. Delavigne (C.). — Don Juan d'Autriche; Barba, 1836, in-8°, 1/2 veau. viol.

412. Delie. — Objet de plus haute vertu, poésies amoureuses de M. Sève; Lyon, 1862, in-8°, pap. verg. de Holl., br., n. r., couv. ill. — Très beau vol. rempli de fig. sur bois.

413. Delvau. — Les Lions du jour; Dentu, 1866, br., n. r., couv. ill. — Ed. or.

414. Delvau. — Lettres de Junius, brad., n. r., couv. imp. — Edit. or.; très rare.

415. Delvau. — La Comtesse de Ponthieu, 1865. — Aucassin et Nicolette, 1866, 1/2 rel. mar. rouge à coin, dos orné, vermicellé, non rog. (David). — Beaux exempl. tirés à 150 sur vergé de Holl., capitales rouges, caract. goth., dans une ravissante et fraîche reliure de David.

416. Delvau. — Le Grand et le Petit trottoir, un vol. brad., couv. impr., non r. — Edit. or., avec la curieuse fig. de Rops.

417. Delvau (A.). — Les Barrières de Paris, 1 vol. in-16, cart., brad , n. r., couv., 10 eaux-fortes, portrait sur Chine ajouté. — Bel exempl. de 1er tirage; rare.

418. Delvau (A.). — Le Fumier d'Ennius, 1 vol. in-16, cart., brad., n. r., couv., front de Flameng, eau-forte. — Edit. or., bel exempl., rare.

419. Delvau (A.). — A la Porte du Paradis, 1 vol., brad., couv. cons., n. r. — Edit. or., bel exempl.

420. Delvau (A.). — Amours buissonnières, cart., brad.. n. r., couv. — Ed. orig., bel ex.

421. Delvau. — H. Murger et la Bohême; B. Deflore, 1866, in-18, cart., br., n. r., couv. — Edit. or., front-portrait.

422. Desbordes-Valmore. — Pleurs, poésies, préface de Dumas, 1833, in-8°, br., couv. n. r. — 1re éd., front de Johonnot sur Chine.

423. Desmarets. — Clovis (1666), avec privilège, in-16, rel. pl. en veau brun-clair. filets. — Bel ex., jolies fig. de Lebrun, avec arabesques comme entourages.

424. Diable à Paris (le); Hetzel, 1845-46, 2 vol. gr. in-8°, 1/2 rel. — Exemplaire du premier tirage, quelq. planches remontées ou réparées, manque 1 planche facile à compléter.

425. Divorce satyrique (le) ou les Amours de la reine Marguerite, 1878, in-8°, br., n. r., couv. Jolie réimp. à 300 ex.

426. Doni. — I Marmi del Doni; Venise, 1552, in-4°,

cart., velin. — Exempl. complet des 4 parties de l'Enfer, de Doni, qui précéda celui du Dante; beau vol. rempli de superbes fig. sur bois de la belle école italienne ; rare.

427. Dorat. — Les Prôneurs, 1777. — Le Malheureux imaginaire, in-8°, cart., éb. — 4 jolies fig. de Macillier, avant lettre.

428. Du Barry (C[sse]). — Sa Vie; Paris, 1878, 1 vol. in-12, br., n. r., 2 portraits. — Joli vol., rare (édité à 7 fr. 50); épuisé.

429. Du Camp (Max.). — Une Histoire d'amour; Conquet, 1888, in-18, br., n. r., couv. — Bel ex. d'envoi.

430. Dumas (Alex.). — Napoléon-Bonaparte, drame; Paris, 1831, in-8°, br., couv. — Ed. or., rare.

431. Dumas. — La Dame aux Camélias ; Quantin, s. d., in-4°, br., couv. ill., n. r. — Superbe vol. ill. de Lynch, héliog. et aq.-f., avec la couvert. en taille-douce; rare.

432. Epistre de Malingre à Clément Marot ; Basle, 1546 (Troso, 1868), in-8°, br., n. r. — Jolie réimp., pap. de Holl., à 90 ex.

433. Erasme. — Eloge de la Folie, 1751, in-12, veau, fig. d'Eisen, belles épreuves. — Amsterdam, 1728, un vol. in-8°, veau, fig. de Holbein.

434. Esguillon de l'Amour divin; Lyon, 1592, rel. v. fat. — Edit. rare, exempl. méd.

435. Estienné (Ch.). — Paradoxes... par le Docteur Incogneu; Rouen, Cailloue, 1638, un vol. in-12, rel. v. vert, tr. dor. — Livre très rare; sur le titre, jolie fig. d'homme; on trouve dans ce vol. « que le procès est chose nécessaire à l'homme ». (Opuscule normand).

436. Estienné (Ch.). — Paradoxes; Rouen, 1554, in-16, r., br. — Edit. rouennaise de toute rareté, lég. piquée; bon ex.

437. Flaubert (G.). — La Tentation de saint Antoine; Charpentier, 1874, in-8°, r., n. cart., couv. — Superbe ex. neuf de l'éd. or.

438. Flaubert. — Madame Bovary. — 7 eaux-fortes pour illustrer, par Boilvin; suite complète, ravissantes illustr. en carton, n. r.

439. Flaubert. — L'Education sentimentale; Paris, Lévy, 1870, 2 vol. in-8°, br., n. r. — Superbe exempl. en grand papier de Hollande de l'édition originale.

440 Flaubert (G.). — Par les Champs et par les Grèves; Paris, 1880, in-16, br., n. r., couv. — Edit. sur Hollande, à 23 ex.

441. Flaubert (Gustave). — Bouvard et Pécuchet; Lemerre, 1881, un vol. in-16, br., n. r., couv. imp. — Edit. orig., exemplaire sur Hollande, rare.

442. Flaubert (G.). — Trois contes; brad., 1/2 mar. amar., n. r., couv. — Superbe exempl. sur Hollande, avec une lettre autographe signée; on a joint la planche se dépliant, de Langlois, pour la légende, de Saint-Julien l'hospitalier. — Exempl. parfait.

443. Flaubert. — Mme Bovary, édit. définitive avec le procès, br., n. r., couv. — Très bel exempl. sur Chine, à 10 ex., portrait, rare, épuisée.

444. Flaubert (Gustave). — Mme Bovary; M. Lévy, 1857, 2 vol., brad., toile, non rog., couv. — Exemplaire parfait de l'édition originale.

445. Fénelon. — Education des filles; Paris, 1687, in-16, cart. — Edit. orig., très bel ex., rare, 162^mm^.

446. Fénelon. — Aventures de Télémaque, 1791, 2 vol. in-8°, veau, porphyre, tr. dor., rel. anc. — Superbe exempl., beau tirage des fig. de Marillier, dans une ravissante reliure ancienne.

447. Ferry Julyot. — Les Eloges de la belle fille lamentant sa virginité perdue; Willem, 1873, in-8°, br., n. r., couv.

448. Fleur des Chansons, in-16, carré, goth., 1/2 mar. vert, couv., n. r. (Thompson). — Jolie réimp.

449. Gacôn. — Anti-Rousseau, in-12, veau. — Rare vol. front de B. Picart, avec la grav. sur bois se dépliant. — Très rare.

450. Gargantua. — Les Chroniques de Paris; Panchouke, 1853, cart., br., n. r. — Joli exempl. sur papier rose.

451. Gauler Garguille. — Chansons; Claudin, 1858, in-8°, br., n. r., front. — Réimp. à 40, sur papier de Holl.

452. Gautier (Th.). — Albertus ou l'Ame dans le pêché, 1833, in-18 1/2, rel. mar., ancien, ébarbé. — Edit. orig., de toute rareté, qq. piq. d'humidité.

453. Gautier (Th.). — Les Jeune-France; Poulet-Malassis, 1866; Amsterdam à l'enseigne du Coq, in-12, mar. rouge, à longs grains, filets, fleurs, dos orné, tranches dorées, dont int. (Smeers). — Superbe exempl., pap. de Holl., frontispice de F. Rops, dans une ravissante reliure, rare.

454. Gautier (Th.) — Le tombeau; Lemerre 1873, in-4° 1/2, mar. noir, port., n. r. (Champs). — Edition originale, bel exempl., jolie rel.

455. Gautier (Th.). — Emaux et Camées; Didier, 1853,

in-18, brad., toile, couv. cons., n. r. — Edit. or., très rare. — Bel exempl., joli cartonnage.

456. Gauthier (Th.). — L'Orient, 1877, 2 vol., br., n. r., couv. imp. — Prem. édit.

457. Gautier. — Premières poésies; Charpentier, 1866, 1 vol., br., n. r., couv. — Prem. édit.

458. Gautier (Th.). — Le Capitaine Fracasse; Charpentier, 1863, 2 vol., cart., brad., éd. or., n. r., couv. — Edit. originale, rare.

459. Gautier (Th.) — Le Roman de la Momie; Paris, 1858, 1 vol., cart., brad., n. r., couv. — Edit. orig.

460. Gautier (Th.). — Zigzags; Magen, 1845, 1/2 rel., mar., br., dos orné, tête d., non rogné. — Bon exempl. de l'éd. or., avec la table qui manque souvent.

461. Gautier (Th.). — Poésies complètes; Charpentier, 1845, in-16, brad., n. r., couvert. — Bon exempl. de la prem. éd., coll., rare.

462. Gavarni. — Londres et les Anglais; Barba, s. d., in-4°, br., couv. ill., n. r. — Premier tirage, bel ex., en gr. pap. de Hollande.

463. Gavarni. — Masques et Visages; 1857, 1 vol., in-8°, carré, br., n. r. — Premier tirage de fig., éd. or.

464. Gérard (Jules). — La chasse au lion; Paris, 1855, in-18, br., n. r., couv. — Prem. tirage des dessins de Doré, rare.

465. Gesner. — Œuvres, tome III, in-4°, cartonné, n. r. — Figures de Lebarbier, et culs-de-lampe, superbes épreuves, rare.

466. Girofflier aux dames, ensemble, le dit des Sibiles,

in-4°, goth., fig. sur bois, 1/2 mar. bleu, coins, n. r.; donné par Pilinski.

467. Gœthe. — Werther; Paris, 1845, in-4°, 1/2 veau. rouge, dos orné, couv., n. r. — Très bel exempl. de prem. tirage, encollé, n. r., eaux-fortes de Johannot, sur Chine, nom à la pointe, pap. vél. rare.

468. Gœthe. — Le Renard, gr. in-8°, br., n. r., couv.; 59 fig. de Kaulbac. — Prem. éd.

469. Guttinger. — Poèmes et Poésies, 1827, in-18, cart., n. r., couv. — Ed. or.; poète rouennais romantique.

470. Gombaud. — Epigrammes; Courbé, 1657, 1/2 rel., mar. cit. — Edit. or., encollé, rare, qq. feuilles tachés grasses.

471. Goncourt (Ed. et J.) — Gavarni, l'Homme et l'Œuvre, 1873, in-8°, br., couv. — Très beau portrait grav. par Flameng, fac-simile.

471 *bis*. Goncourt (Ed.et J.).—Mme Jévaisais, 1869, in-8°, br., couv. — Ed. or., rare.

472. Goncourt. — Le Journal de Goncourt, 3 vol., br., n. r., couv. — Edit. originale.

473. Gothique normand. — Le grand blason de faulces amours. faict et composé par Alexis, religieux de Lire et Bussy (vers 1500), in-16, mar. rouge, jans, tr. dor. (Duru). — Livret en vers de toute rareté, le titre a une vig. sur bois fort curieuse.

474. Gothique français. — Dialogue très intéressant intitulé : le Péregrin..... 1535, in-8°, mar. rouge, jans, tr. dor. (Blaise). — Livre goth., fort rare, bel état, curieuses fig. sur bois à chaque chapitre.

475. Gothique français. — Extraits de plusieurs s. docteurs. — Manière de bien vivre pour une femme séculiere. — Voyage du mont Calvaire, en Dauphiné. (en vers), in-12, goth., cart.; rempli de fig. sur bois, curieux recueil, rare, exempl. réglé, bon, ay. besoin d'un lavage.

476. Grammont (mémoires du comte de). — Histoire amoureuse d'Angleterre sous Charles II; Cologne, 1713, in-8°, veau. — Edit. or. de cet amusant vol. souvent réimprimé.

477. Grandville. — Les Fleurs animées, 1/2 rel., veau, r., premier tirage. — Bon exempl., bien complet, on a conservé les quatre couvert. illustrées.

478. Granville. — Cent proverbes; 1845, cart., édit. pers. spéc., non rogné. — Exemplaire de premier tirage, à toutes marges; mouillures.

479. Grandville. — Un autre monde, visions....; 1844, cart., édit. fers., non rogné, titre rouge. — Bel exempl. de premier tirage, à toutes marges; rare.

480. Grégoire-le-Grand. — Légende française publiée la 1re fois (Potier), 1857; in-16, br., n. r., couv. — Très joli vol. sur pap. vélin, rare.

481. Griseldis. — Halm; Curmer, 1840, in-16, brad., 1/2 chag., v., n. r., front. de Cel. Nanteuil. — Joli et rare vol.

482. Guérin (Maurice de). — Reliquiae; Didier, 1861, 2 vol. in-16 carré, br., n. r., couv., dos cassé. — Très rare, joli exempl.

483. Halévy. — Les petites Cardinal; Lévy, 1880, éd. or., 32 vign. de Maigrot, rare.

484. Hardy (Alex.). — Théâtre; 1624, in-8°, veau, m.,

tr. dor. — Frontispice de Gaultier, édit. orig., rare, bel exempl.

485. Heine (Henry). — Œuvres; Renduel, 1853-56. — De la France. — Peisebilder. — De l'Allemagne, 5 vol. in-8°, br., couv., n. r, — Edit originale, rare.

486. Hébreu (Léon). — La Sainte philosophie d'Amour. Paris, 1596, in-32, 1/2 rel., ch., r. — Vol. rare, titre entouré d'nn bordure grav. sur bois.

487. Holbein. — Todtentanz; s. l. n. d. mar., n. tr. noires (Chatelin). — 58 vig. suite compl. en libris, comte Kalnoky.

488. Houx (Jeean le). — Les Vaux de Vire, avec notes de M. Gasté; Lemerre, 1875, 1/2 vol., rel., mar. viol., tête dor., n. r., portr., in-18.

id. Caen; Clerisse, 1875, in-18, portr.. n. r. couv.,

489. Hugo. — Les Châtiments; Genève et New-York, 1853, in-18. cart., n. r. — Edit. or., rare.

id. Napoléon-le-Petit; Amsterdam, 1853, in-18, cart., n. r. — Edit. or., n. r.

490. Hugo (V.). — Etude sur Mirabeau, 1854, in-8°, brad. sur toile, n. r., couv. — Edit. or., très rare. Bel exempl.; on a ajouté un portrait de Mirabeau sur Chine, très beau.

491. Hugo. — Chants du crépuscule; Renduel, 1834, in-8°, 1/2 veau, viol. — Edition originale.

492. Hugo. — Cromwel, 1828; in-8°, veau plein, éb. — Edit. orig., rare.

493. Hugo. — Nouvelles odes; Ladvocat, 1824, in-18, orn. à froid. — Edit. or., rare, front. de Devenia, le Sylphe; bon ex. dans sa rel. romantique.

494. Hugo (V.). Marie Tudor; 1833, Renduel; 1/2 brad. Edit. or., quoique le titre porte 3me éd., front. de Cel. Nanteuil, sur Chine.

495. Hugo. — Hernani; Mame, 1830, un vol. in-8°, 1/2 rel., veau gris, petit, coins (rel. genre romant.)). Bon exemplaire avec Hierro de l'édit. orig., rare.

496. Hugo (V.). — Les Voix intérieures; Genève, 1837, in-18, mar., vert foncé, fil., tr. dor. (Thierry). — Edit. or; encollée dans une jolie reliure; sur le titre, Ama-Louise (Colet). Je vous offre mon cœur comme un livre où vous avez encore le droit d'écrire. V. H. Précieux volume.

497. Hugo (V.). — Odes; 1823, un vol. in-18, car., cart. brad. — 2me édit. orig. avec 20 odes nouvelles.

498. Hugo. — Han d'Islande; Paris, 1829, 4 vol. in-18, cart. — Seconde éd. orig.; très rare.

499. Hugo. — Les Burgraves; 1843, in-8°, 1/2 veau, n. r., couv. — Très bel exempl. de l'od. or., jolie rel. de Champs.

500. Hugo (V.). — Littérature et philosophie; Renduel, 1834, 2 vol. in-8°; brad., n. r., cou. — Exempl. irprochable, neuf de l'édit. originale; le titre porte 2me éd.

501 Hugo. — Lucrèce Borgia; Renduel, 1833, in-8°, 1/2 rel., veau gris, mosaïque de veau rouge, non rogné, (rel. genre romant., de Thierry). —Très bel exempl. à toutes marges, beau papier vélin, édit. orig., quoique portant seconde sur le titre, elle est la première, car elle est en dehors de la série des œuvres. On a joint le titre ordinaire et le faux titre de l'éd. orig. une *lettre autog. signée de V. Hugo*,, 1833; le portrait de Mlle Georges, la fig. de L. Boulanger.

front de Cel. Nanteuil; très rare, hauteur 237mm; (exempl. Noilly, 231mm; vendu 350 fr.)

502. Hugo. — L'Aumône; Rouen, 1830, in-8°, couv, au profit des pauvres de Caudebec. — De toute rareté, éd. or., se vendait un franc dans la rue et disparut presque entièrement.

503. Hugo. —Notre-Dame de Paris; Perrotin, un vol. gr. in-8°, 1/2 rel., veau, br.— Bon exemplaire avec le titre au filet anglais, fig. de Meissonnier; Johannot Lemepd.

504. Hugo. — Notre-Dame de Paris; Perrotin, 1840, gr. in-8°, cart., édit, tr. dor. — Superbe exemplaire de ce beau et rare vol. avee le titre à la cathédrale et chauve-souris, superbe d'épreuve, des fig. de Johanne, Meissonnier, Trimolet, etc.

505. Janin. — Discours de réception à la porte de l'Académie française, 1865, in-18, br., couv. — Ed. or., opuscule amusant.

506. Janin. — Amours du Chev., de Fosseuse; Miard, 1867, in-16, mar., v.. dos orné, fil., tr. dor., n. r. (Cuzin).

507. Janin. — Traduct. d'Horace; Hachette, 1860, in-18, brad, n. r., couv. — Edit. orig., raviss. vol., rare.

— Même vol., seconde édit , avec envoi signé, à M. Baralle, même cond.

508. Janin. — La Religieuse de Toulouse ; Lévy, 1850, 2 vol., 1/2 rel., non rognés. — Edit. or., rare.

509. Janin. — Un Hiver à Paris; Curmer, 1843, cart., édit. ill., tr. ébar., in-8°. — 1er tirage, joli vol.

510. Janin. — Rachel et la Tragédie, 1859, in-8°, br., n. r., couv. — Avec les 10 photographies.

511. Joyeuses Dames de Paris, in-18, 1867, cart. perc., n. r. — Rare.

512. Keepsake. — Delloye, 1837, in-8°, moire, tr. dorées, fers spéc., par Vigny, Chateaubriand, Colet...

513. Keepsake. — Paris illustration, par Janin, Chateaubriand, etc., 1838, br., n. r., couv. — Jolies illust. angl.

514. La Bruyère. — Les Caractères de Théophraste. 8me édit., 1697, mar. r. jaus., tr. dor. (Masson-Debonnelle). — Superbe exempl., gr. marges, bel. rel. d'une édit. or.

515. La Bruyère. — Les Caractères de Théophraste; Michallet, 1696, veau, — Très bel ex. de la neuvième éd. originale.

516. Lacroix. — Le XVIIIe Siècle, 2 vol., un broché, un 1/2 rel. chag. rouge, non rogné, gr. in-8°. — Beaux exemplaires, ouvrage utile et soigné.

517. Lacroix. — Le Moyen Age, Arts, etc., 2 vol. gr. in-8°, cart., édit. fers spéc., tr. dor. — Bons exempl. de ces vol. utiles et beaux.

518. La Fontaine. — Jean de Mung. — Flamel. — La Fontaine des Amoureux de science, etc., in-18, vélin. — Opuscules en vers de toute rareté, qq. feuillets piqués de vers dans les marges du fond.

519. Lafontaine. — Œuvres posthumes de Luyne, 1696, in-12, veau. — Edit. originale, bel ex.

520. Lafontaine, — Les Amours de Psyché et de Cupidon; Moetjens, 1700, 1 vol. rel. pleine en mar. amaranthe, fil. (Chatelin). — Bon exempl., rare, avec le front.

521. Lafontaine. — Œuvres inédites; Hachette, 1858, un vol. in-8°, br., n. r., couv. — Bon ex.

522. La Grange-Chancel. — Odes philippiques, un vol. in-18, cart., brad. — Ed. or., rare de ce violent pamphlet, bien complet.

523. Lamartine. — Toussaint Louverture; Lévy, 1850, in-8°, br., n. r., couv. — Ed. or.

524. Langlois. — Essais sur les Danses des morts, 2 vol. gr. in-8°, cart., p. noire, n. r., couv. — Superbe exempl., irrepr. complet des planches avec pl. supplément, cartonnage artistique, têtes de morts aux dos.

525. Laprade (V. de). — Pernette, 1868, in-8°, br., n. r., couv. — Edit. originale, bel ex.

526. Le Maire de Belges. — Le Traité intitulé de la différence des scismes... Layrae, Histoire du prince Syach-Yosaïl, 1540, 1/2 bradel. — Opuscule curieux et rare, qq. mouillures, bon ex.

527. Lepage. — Les Cafés politiques et littéraires à Paris; Dentu, s. d., in-18 carré, br., couv. impr. — Joli vol. recherché, imp. par Claye.

528. Lesage. — Le Diable boiteux, augmenté de la Journée des Parques; Paris, 1756, 2 vol. petit in-12. front. grav., fig., rel., pl.. mar. bl. foncé, filets, dos orné (Petit). — Charmante et rare édit., exempl. grand., presque à toutes marges.

529. Lettres persanes; Cologne, 1721, 2 vol. in-18, 1/2 mar. bleu, tr. dor. (130mm). — Seconde édit., orig., rariss.; catal. la Rochebiliere.

530. Liseux. — Collect. de réimp., pap. de Holl., br.,

n. r., jolis vol. — Le Passavent, de Th. de Bèze, 1875, 1 vol. — Passevent parisien, 1875, 1 vol. — Les Regrets, de J. du Bellay, 1876, 1 vol. — Les Jeux rustiques, de du Bellay, 1875, 1 vol. — Remontrances aux Français, 1876, 1 vol. — Soliloques sceptiques, de le Vayer, 1875, 1 vol.

531. Livres prohibés. — Saisie faite aux couvents des Jacobins et Cordeliers, à Lyon; Turin, 1876, in-8°, br., couv., pap. vélin, à 250.

532. Louisé Labé. — Œuvres; Lyon, Durand et Perrin, 1824, in-8°, br., n. r. — Edit. très recherchée.

533. Longus. — Daphnis et Chloé, 1745, pet. in-8°, veau, — Jolie éd., grandes marges, fig. de Scotin, nomb., et jolies. — Avec celle des petits pieds.

534. Longus.— Daphnis et Chloé; Renouard, 1803, brad., n. r. — Joli volume, sur le titre, portrait d'Amyot, en médaillon, ex. en grand papier, n. r., toutes marges.

535. Lurine. — Le 11me arrondissement de Paris; 1850, in-8°, br., couv. ill. — Premier tirage des fig.

536 Maclou (Histoire de l'église Saint), in-8°, fig., br., n. r. rare.

537. Mme Roland. — Ses Mémoires; Hurtrel, 1886, in-16, carré, br., n. r., couv. – Joli vol., illustrations, de Poirson, édité à 30 fr.

538. Madeleine Bavent. – Histoire de la possession, les religieuse de Louviers; Rouen, 1878, in-8°, 1/2 rel., mar. brun, coins, couv.; Lanscelin. — Beau vol., front., jolie rel.

539. Magny (Ol. de). — Les Amours; Lemerre, 1878, portr., pap. vergé, épuisé, rare.

540. Magny. – Œuvres; 1869-1870, 1 vol. in-4°, mar.

vert, dos orné, fil., n. r. (Thierry). — Bel exempl., en grand papier, rare; contient les Gayetés, les Soupirs, les Amours.

541. Mainbourg. — Hist. de Grégoire-le-Grand; Paris, 1686, 1 vol., rel., pl., mar., n. jans. — Bon exempl.

542. Maistre (Xavier de). — Voyage autour de ma chambre; Quantin, 1881, in-18, br., n. r., couv. — Jolie éd., portrait inédit, 6 fig. de C. Delort.

543. Malherbe. — Poésies; Genève, 1776, in-18, mar. r. fil., tr. dor. (jolie rel. anc.).

544. Marmontel. — Contes moraux; Merlin, 1765, 1 vol., veau gr. — Jolies fig. de Marillier, ex. fatigué.

545. Marot. — Apologie faite par le grand abbé des Conards, 1854. — La Trève de Marot et Sagon; Panckouke, 1854; réimp., in-18, br., n. r., à 18 ex., rare.

546. Marot (Jehan). — Poème inédit, 1860, in-8°, br., n. r., couv. — Superbe vol. des presses de Perrin, fig. sur chine. — Exemplaire de dédicace, avec l'envoi à M. Baroche, autog. signé et imprimé.

547. Martial d'Auvergne. — Aresta amorum; l'Angelier, 1544, in-18 1/2, rel., vél. bl. — Très bel ex. de cette rare édit., marque des Angeliers; le vol. est presque entièrement en français, grandes marges, notes marg., à l'encre de l'époque.

548. Maupassant (Guy de). — Clair de Lune; Monnier, 1884, gr. in-8°, br., n. r., couv. ill. — Ed. orig., rare.

549. Mery et Felix. — Muses et Fées, histoire des femmes mythologiques; Gonet, s. d., in-8°, br., couv. ill., n. r. — Premier tirage des fig. en couleur de Staal.

550. Messie. — Les Diverses leçons ; ROUEN, Roger, RUE MARS-PARLUS, 1526, fort vol. in-8°, 1/2 mar., tête rogn. — Bel ex., racc. à la marge du titre, un cahier un peu plus court, *impression Rouennaise ; très rare.*

551. Mistral. — Mireille, poème provençal, texte et traduction ; Avignon-Ruomanille, 1859, in-8°, br., n. r., couv. — Bel ex. de l'édit. or. de ce chef-d'œuvre.

552. Molière. — Un Bisaïeul de Molière, recherche sur les Maluel ; Claudin, 1878, in-18, br., n. r., couv., joli front, eau-f. — Poésies diverses attribuées à Molière ; Lemerre, 1869, in-18, papier vergé, br., n. r., couv. parch. — Epuisé, rare.

553. Molière. — La Critique de l'Ecole des femmes, 1674. Les Femmes savantes, 1678. — Le Mariage foreé, 1674, 3 vol. in-18, rel. fil., dos calligraphié. — Jolis exempl., édit. elzévirienne, rare ; belle condition.

554. Morus. — L'Utopie de Th. Morus ; Leyde, 1815, in-12, veau. — Bel ex., jolies et nomb. fig., y compris celle du mariage.

555. Janin. — L'Ane mort ou la Femme guillotinée ; Baudoin, *1829*, 2 vol., 1/2 rel., veau gris, coins, dos orné (Thierry). — Bel exemp. encollé dans une ravissante reliure genre romant., 2 fronts de Deveria au titre. Ce vol., dit la Bibl. des ouvrages du XIXe siècle, est un des plus rares ; il ne figurait même pas à la vente Janin.

556. Lamennais. — Paroles d'un Croyant ; Renduel, 1734, in-8°, mar. rouge, plat mosaïque à 3 tons, 1 croix, 1 ancre et 1 livre, tr. dor. (Amand). — Ed.

orig , très rare, ravissante reliure dans le goût du livre, autographe signé ajouté. — Très beau volume.

557. Lucas. — Heures d'Amour, 1857, in-18, 1/2 mar., r. jans., coins. — Joli vol. bien relié, ex. sur PAP. ROSE.

558. Mérimée. — La Jacquerie, 1828, in-8°, brad., 1/2 toile, n. r., couv. — Très bel exempl. encollé à toutes marges avec la couv. de ce vol. rare et recherché. — Même ouvrage, même éd., 1/2 rel. veau de l'époque, bel ex. non piqué, gr. de marges.

559. Mérimée. — La Mosaïque, 1833, in-8°, 1/2 rel. veau gris, à coins, n. r. — Bel exempl. de l'éd. orig., à toutes marges ; rare et recherché.

560. Mérimée. -- La Guzla, in-16, cart., édit. n. r., 1827. — Edit. orig. rare, à toutes marges.

561. Mérimée. — Lettres à une inconnue ; N. Lévy, 1874, 2 vol. in-8°, br., n. r. — Edit. or. ; rare.

562. Mérimée. — La Double méprise, 1833, in-8°, cart., brad., n. r. — Edit. or., bel ex., lég. ébarbé.

563. Mérimée. — Chronique du Temps de Chrrles IX, 1829, in-8°, 1/2 rel. veau (de l'époque). -- Edit. orig., bel exempl., grand de marges, temoins dans sa première reliure, non piqué ; très rare.

564. Mérimée. — Chronique du Temps de Charles IX, 1832, in-8°, cart., br., couv., n. r., couv. — Exemplaire irréproch. de la seconde édit. orig. complétée ; très rare.

565. Mérimée. — Théâtre de Clara Gazul ; Paris, 1825, in-8°, 1/2 rel. veau vert, n. r. — Très bel exempl. de l'édit. originale à toutes marges avec la *lithog. ancienne*, portrait de MÉRIMÉE EN FEMME ; très rare.

566. Mérimée. — Carmen, 1884, un vol. in-16 carré, br., n. r. — Exempl. sur Japon, avec les ravissantes vignettes d'Arcos, av. lettre; très rare (à 50 ex.).

567. Michelet. — L'Insecte; Hachette, 1876, un vol. in-8°, 1/2 ch. vert, n. r. — Premier tirage, bel exempl., rare.

568. Michelet. — L'Oiseau; Hachette, 1867, gr. in-8°, 1/2 ch. rouge, tête dor., n. r. — Premier tirage des jolis bois de Giacomelli; recherché.

569. Monselet (Ch.). — Les Tréteaux; Poulet-Malassis, 1859, brad,, n. r. couv.. cons., front. — Très bel exemplaire avec le front. de Braquemond, en 1er tirage.

570. Monselet. — Fréron ou l'illustre critique; Pincebourde, 1 vol. in-18 carré, front., eau-f., n. r.; éd. or.

571. Monselet. — La Lorgnette littéraire; Poulet-Malassis. Complément Pincebourde, 1872; ens. 2 vol., cart., brad., percal,, gr., n. r., couv. — Edition originale de cet ouvrage amusant; rare.

572. Monselet (Ch.). — Panier fleuri; B. Deflorenne, in-16, 1873, cart., brad., non r., couv., cons. — Ed. or. de cet amusant vol.

573. Monselet (Ch.). — Poésies complètes; Dentu, in-16, tr., non r., couv. — Bel exempl. or. avec le je joli front. de Lalauze.

574. Monselet (Ch.). — Portraits après décès; Faure, in-16, 1866, br., n. r. couv. — Ed. or. avec le fac simile.

575. Montaigne. — Les Essais; 1659, veau fauve, fil., dos, or; tr. dor (Thierry); 3 front. par Larmessin avec

portr., superbe exempl. encollé, grandes marges (142mm) se joint aux elzévirs.

576. Molière. — Réimpression fac simile des édit. orig. de Molière; Jouaust, 1872, 24 vol., broch., couv., imp. or, n. r., pap. vergé. — Collection complète, publiée de 7 à 10 fr. le vol. avec les fig.; exempl. parfait, épuisé.

577. Muller. — La Mionette; édit. Couquet, 1885, br. n. r., couv. — Joli vol. neuf, 28 eaux-fortes dans le texte; épuisé, rare.

578. Musée Philippon. — Recueil de dessins de Daumier, Gavarni, Grandville. Cham..., 2 tomes en 1 vol., gr. in-4°, cart., 1/2 brad, n. r., couv. — Exemplaire superbe à toutes marges de premier tirage de ces 2 vol. rares, avec les 4 couvertures et les nos tirés en lettres rouges, avec les silhouettes de Cham; très recherché.

579. Musset (Alfred de). — Confession d'un enfant du siècle; Bonnaire, 1836, 1/2 rel., veau rouge, genre romantique, non. r. — Bon exemplaire de la rarissime éd. or., non rogné; qq. légers raccommodages; très adroits.

580. Musset (A. de). — Poésies nouvelles; 1850, 1 vol., brad., n. r. — Edit. or., rare.

581. Musset. — Contes; Charpentier, 1854. brad., n. r., couv. — Première édition, rare.

582. Musset. — Œuvres posthumes; 1860, brad., n. r., couv.. cons. — Edit. orig.. bel exempl.

583. Musset. — Carmosine; 1865, in-16, br., n. r., couv. — Edit. or.; bel exempl., rare.

584. Musset. — André del Sarto; 1851, in-16, br., n. r., couv. — Première édit. or., rare ex., neuf.

585. Musset. — Il faut qu'une porte soit ouverte ou fermée; Charpentier, 1848, br., couv., impr.. r.. — Edit. or., très rare.

586. Musset. — Il faut qu'une porte soit ouxerte ou fermée; 1849, in-16, br , n., couv. — Première édit., rare.

587. Musset. — Il faut qu'une porte soit ou fermée; 1868, in-18, br., n. r., couv. — Bonne édition. bon exemplaire.

588. Musset. — Un Caprice, 1850, cart., brad., n. r., a besoin d'être lavé.

589. Musset (A. de). — On ne badine pas avec l'Amour, in-16, br., n. r., couv. — Bon exempl. de l'édit., orig., de toute rareté.

590. Musset. — Louison, 1 vol., br., n. r., couv., bon exempl. de l'édit., or., rare. (2 exemplaires).

591. Musset (A. de). — Bettine, 1851, br., n. r., couv. — Très bel exempl. de l'éd. or.

592. Musset. — Fantasio, 1866, br., n. r., couv., édit. or., exempl. parfait, rare.

593. Musset. — Comédies et Proverbes; 1853, 2 vol., br., couv. imp. — Première édition, complète, rare.

594. Musset (A. de). — Comédies et Proverbes, 1 vol., in-16, n. r., couv. — Bel exempl. de l'éd. orig., tr. rare.

595. Mystère (le) du chevalier qui donne sa femme au dyable, s. d. (XVIIIe siècle), mar. r., jans, in-12 (Duru). — Joli vol., non rogné.

596. Néel. — De Paris à Saint-Cloud; Paris, 1865, fig., in-18, br., n. r., pap. de Holl., à 450 ex.

597. Nodier. — La Seine et ses bords, 1836, in-8°, br., couv., n. r. — Superbe exempl. de l'éd. or., remplie de grav. sur bois.

598. Nodier. — La Neuvaine de la Chandeleur et Lydie; Dumont, 1840, in-8°, br., n. r., bel ex. de l'éd. orig.

599. Nodier. — Bertram ou le Château de Saint-Aldobrand, 1821, in-8°, br., n. r., couv. — Ed. or., bel exempl., romantique.

600. Nodier (Ch.). — Franciscus Columna, 1844, 1/2 mar. bl., tête dor., n. r. — Ed. or., qq. piq. d'hum.

601. Nodier (Ch.). — Histoire du Roi de Bohême et de ses sept châteaux, 1830, cart., perc. grise, fleurons, tr. dor. — Charmant exempl., encollé, de ce joli vol., avec les illust. de Johannot; 1re édit., rare.

602. Noel. — Une mélodie de Schubert; croquis, 1888, in-18, br., n. r., couv. — Front. et vig., à 125 ép., rare.

603. Normandie. — La Piété affligée, par le révérend père Esprit, du Bos-Roger; Rouen, 1652, in-4°, vélin, rel. anc. — Edit. or., *devenue introuvable*, de l'Histoire de la possession des religieuses de Louviers; voir la préface de la réédition, où ce vol. est porté comme impossible à rencontrer. — Bon ex., bien complet, avec le front. gravé.

604. Normandie. — Pièces volantes, se vendant autrefois dans les rues, in-4°, d'une feuille ou deux, devenues introuvables. — 1650 Récit véritable de ce qui s'est passé dans toute la Normandie, à la réception et magnificence royale de leurs Majestés. — Harangue faite en la présence du roy de la Grande-

Bretagne, à Pont-Audemer. — 21 juin 1692, in-folio. — Le même, in-quarto, avec variantes.

605. Ourliac. — Suzanne et la confession de Lazarille; Désessart, 1840, 2 vol. in-8°, br., couv., n. r., édit. or.

606. Palais-de-Justice (Histoire du), in-8°, br., n. r., couv., rare, axec le front.

607. Paradol-Prévost. — La France nouvelle, 1863, in-8°, br., n. r., couv. — Ed. or., rare.

608. Paris au bal, par Huart, vig. de Cham, in-8° carré, br., n. r., couv. — Premier tirage, très rare.

609. Pascal. — LETTRES PROVINCIALES. — Réunion en édit. orig. des XVII lettres, avec l'avertissement sur les 17 lettres, avec le rondeau aux P. Jésuites. — Bel ex., on a ajouté la XVIIIe en double, la réponse à la réfutation de la XVIe; *très rare.*

610. Pedouc. — Les Premières œuvres, 1876, réimp. à Chartres sur pap. vergé fort, br., n. r., couv.

611. Peladan. — L'Iniation sentimentale, front de Rops, br., n. r., couv. — Ed. or., exemplaire in-16, tiré gr. in-4° sur papier de Chine, front 1er état signé F. R.

612. Pelletan. — Les Uns et les Autres; Pagnerre 1876, 1 vol. in-8°, br., n. r. — Edit. or.

613. Pellico (Silvio). — Mes Prisons; Curmer, 1835, in-18, mar. brun, ornements, doublé de moire blanche (Simier, r. du Roi). — Qq. piqûres d'humidité.

614. Pernette du Guillet. — Rymes de gentille et vertueuse dame; Lyon, Scheuring, 1864, in-8°, br., n. r. — Epuisé, pap. vergé de Holl.; rare.

615. Péréfixe (Hardonin de). — Hist. de Henry-le-Grand. Elzévir, 1661, front., gr. pl., mar. bleu, dos et angles ornés d'un H couronné (Thierry). — Bel exempl. très grand (133mm) de ce vol. rare.

616. Plutarque. — Vie des Hommes illustres, trad. Amyot ; Paris, 1587, 2 fort vol. in-8°, rel. (rel. anc.). — Ed. or. d'Amyot, un vol., a les marges des prem. feuill. abîmées par l'humidité ; rare.

617. Pibrac. — Les Quatrains français ; Paris, 1676, avec privilège, in-4°, veau (rel. cassée). — Rare vol. avec 1 superbe portrait grav. par de Larmessin.

618. Polyphile (le Songe de), trad. par Bervalde de Verville ; Paris, 1600, un vol. in-4°, veau fauve, filets, tr. dor. (Thierry). — Exemplaire de toute beauté, dans une superbe reliure imitée de l'époque, grand de marges, encollé très pur, bien complet de la planche du Priape et des feuillets blancs.

619. Pontus de Thyard. — L'Univers ou discours des parties et de la nature du monde ; Lyon, Jean de Tournes, 1557, un vol. in-4°, titre entouré d'un très beau portrait, lettres ornées, cart. — Bel exempl. lavé, encollé de l'éd. or., vol. rare, bois de J. de Tournes remarquables.

620. Poutrain. — L'Amour amant, 1664, in-18, 1/2 rel., dos et c. mar. bleu. — Rare exempl., médiocre, racom.

621. Prevost. — Manon Lescaut ; Lemerre, 1870, in-18, pap. vergé, br., n. r., couv. — Epuisé, front de Braquemond, rare.

622. Prevost. — Manon Lescaut ; Jouaust, 1872, 2 vol.

in-18, br., n. r., couv. — Beau vol., jolies fig. de Hédouin (S.), rare et épuisé.

623. Prisme (le); Curmer, 1841, cart. cassé. — Premier tirage, cachet bleu sur le titre.

624. Quinze Joies de mariage... Le Blason des faulces, amours... Le Loyer de folles amours... Triomphe des muses contre amour; La Haye, 1726, in-16 veau dor., orné armes et fleurs de lys. — Bel exempl. de ce rare recueil.

625. Rabelais. — Histoire de Pantagruel; Valence, 1547, 2 vol. in-18, veau, tr. d. — Edit. très rare, avec beaucoup de bois très curieux, exempl. médiocre, qq. raccommodages, coins de page enlevés; curieux vol.

626. Rabelais. — Edition donnée par Sardou, 1874, portr., 1/2 rel., mar. vert, tête dor., n. r. — Belle édit. à 500 exempl., condit. parfaite.

627. Rabelais. — Supplément. — Les Songes drôlatiques de Pantagruel; Tros, 1869, in-8°, br., n. r., couv. Premier tirage des 120 bois, imp. Perrin, de Lyon: très bel ex.

628. Rachel. — D'après sa correspondance; Jouaust, 1882, gr. in-8°, br., n. r. — Beau vol. avec 4 jolis portraits.

629. Raretés bibliographiques. — Réimp. à 100 ex. sur vergé fort, par Gay, rares. — Les Touches et des Accords, 1 vol. — L'Amoureux passe-temps 4 vol. Mascarades et farces de la Fronde, 1 vol. — Le Nouveau entretien les bonnes compagnies, 1 vol. — Le Moulin, vaudevile, 1 vol.

630. Regnard. — Œuvres; Prault, 1750, 4 vol. in-16, veau. — Vign. sur les titres.

631. Regnier. Œuvres; Jouaust, 1867, in-8°, br., dans un carton. — Rare avec la plaquette supplément; pièces tirées du Cabinet satyrique, in-8°, br. du même format pouvant s'ajouter.

id. Regnier.— Œuvres; Picard, 1867, joli exempl. pap. de Chine.

632. Relation du grand incendie à Burbonne-les-Bains; Aubry, in-16, br., n. r., couv.

633. Réimpression. — Jouaust, 1886, à 200 ex., pap. vergé, n. r.. couv. — L'Empirique, 1 vol. — La princesse de Guemenée au bain, 1 vol.

634. Réimpression. — Colbert; Willem, à 5 fr. le vol., br., n. r. couv. — Noëls, 1 vol. — Mimes de Baïf, 2 vol. — Guerre d'Estampes, 1 vol. — Amadis Jamyn, 2 vol. — Jean de la Taille, 4 vol. — Soupirs amoureux, 2 vol.

635. Réimpression. — Matinées du roi de Prusse, in-18, br. — Curiosités musicales; Claudu, 1876, in-18 br., n. r. à 50 ex. (rare). — Le Chien pècheur; Willem, 1875, gr. in-8°. pap. Wathman, à 12 ex. — Montaigne; Vaines subtilités; biblioph. rouennais à 83 ex., br., n. r. — Prise d'Etampes; Willem, 1869, in-16, br., n. r., couv. — Amours de Galigaye et Rubico; Claudin, 1875, in-13, br., n. r.

636. Reliure. — Luciani Dialogi, sans titre, rel. veau fauve, doré ((rel. anc.). — Jolie reliure; les plats ornés d'une dentelle et de fleurons d'angle. Au centre, des armes. Dos richement orné aux petits fers, fleurs de lys, hermines avec le chiffre **M. A.**, surmonté d'une couronne fermée.

637. Reybaud. — J. Paturot à la recherche d'une position sociale; 1846, cart., édit., fer., spéc., tr. dor. — Premier tirage des rariss. illust. de J. Grandville; qq. piq., fac. à laver, bon exempl.

638. Reybaud. — J. Paturot à la recherche de la meilleure des Républiques; 1849, cart., édit., fers sp., tr. dor., de T. Johannot. — Superbe exempl. de prem. tirage, très frais.

639. Révolution (le Gil Blas de la); 1825, 5 vol. br., n. r. — Rare et curieux, par Picard.

640. Richepin. — La Chanson des Gueux; librairie illustrée, in-16, br., n. r. couv. — Superbeex empl. complet de l'éd. originale, condamné, très rare.

641. Roman de la Rose (le). Paris: Delarue, 1863, gr. in-4°, pap. v., n. r., couv., parch. — Bel exempl., reprod., fac simile du texte et des nombreux bois.

642. Ronsard. — Discours des misères de ce temps. Paris, 1597 un vol. in-18, mar., v., dos orné tr. d. (Thibaron). — Rare, grandes marges.

643. Ronsard. — Les Œuvres. Paris; Math. Hénault, 1629, in-12, vol blanc, à recouv. — Jolie et rare édition.

644. Rouen. — Opuscules rouennais rarisssimes en réimpression figurée, br., n. r., de la bibl. Jeuillet de Conches. — Les ballieux des ordures du monde. pap. de Holl., à 32 ex. — Les Présomptious des femmes, Chine rose, à 4 ex. — Les faict merveilleux de Virgille, Chine paille, à 4 ex. — Discours joyeux des friponniers, Chine paille, à 4 ex. — Varlet à louer à tout faire, Chine azuré à 4 ex.

645. Rouen pittoresque. — Augé, 1886, un vol. gr. in-8, br., n. r. — 40 dessins de Lalanne.

646. Rousseau (J.-J.). — Les Confessions ; Jouaust, 4 vol. in-18, br. couv., imp. — Bel exempl., avec les 13 eaux-fortes de Hédouin.

647. Saint-Amant. — Œuvres; Paris, Rob. Estienne, 1629, in-4°. — La Suitte des œuvres, 1631, in-4°., bor. viol., fil., t. dor. — Très bel exempl. de l'édit. orig., très rare, avec les pièces légères.

648. Sand (George). — La Mare au diable; Comin, 1850, br., n. r., couv.; première édition. — *Ex. sur papier vélin à 100 ex.* — Beau portrait, très frais.

649. Sarasin. — Œuvres, vers et prose; Rouen, 1658, port. et vign., pl., mar., r. — Bon exemplaire de la prem. éd.

650. Sartines (Journal de M. de), 1863, in-16, 1/2 rel., mar., br., coins, tête dor., n. r., couv. (Allô). — Complet, seul vol. publié; bel exempl., sur *pap. jonquille*, port. aj.

651. Scarron. — Le Roman comique, 1678, au querendo, in-18, vél., avec front., grav. — Joli ex.

652. Scarron. — Œuvres; 1877, 2 vol., port., Lalauze, in-18, br., n. r., à 25 ex., pap. de Chine. — Joli vol., épuisé.

653. S'ensuyvent les ténèbres du champ Gaillart, in-16, goth., vélin, blanc, filets brisés, milieux dorés. — Joli vol., réimpress., fac-simile, ravissante reliure.

654. Second (Albéric). — Les Petits mystères de l'Opéra; Kugelmann, 1844, in-8°, cart., n. r.; premier tirage, les fig. de Gavarni.

655. Silvio Pellico. — Mes Prisons; Delloye, 1844, grand in-8°, cart., édit., tr. dor. — Bel exempl. du

premier tirage, avec les fig. sur acier, dans le texte, qq. lég. piq. d'humid., faciles à enlever; rare.

656. Soulié (Fréd.). — Le Lion amoureux, in-18; 1855, brad., toile, couv. imp., n. r. — Prem. édit., encollé — au verso du titre, jolie aquarelle, jeune homme, 1830, signée Satrib (?).

657. Soulié (Frédéric). — Amours françaises, 1824, in-18, cart., brad., percal., n. r. — Edit. orig. du 1er livre de Soulié. — Joli ex., à toutes marges, front. de Moreau.

658. Sainte-Beuve. — Volupté; Renduel, 1834, 2 vol. en 1 1/2, rel. de l'époque, tr. marb. — Bel exempl., tr. gr. de marges (témoins), de l'éd. or., recherchée.

659. Sainte-Beuve. — Vie et Pensées de Joseph Delorme, 1 vol. in-8°, 1/2 rel., mar., bl., éb. — Bon exem. de la deux. éd., plus complète.

660. Sainte-Beuve. — Vie, pensées, poésies de J. Delorme; Delangle, 1829, in-8°, 1/2 rel. — Bon exemplaire, encollé, de l'éd. or., très rare, sans faux titre.

661. Stendhal. — Promenade dans Rome; Paris, 1829, 2 vol. in-8°, br., n. r., couv. — Edit. or., rare.

662. Straparole. — Les Facétieuses nuicts; 1728, in-18, pl., mar., r., jans. (Rapalier). — Jolie condition, de ce vol. léger et amusant.

663. Sonnets. — Les Sonnets du Docteur; Paris, 1884, in-8°, br., n. r., couv. — Edit. or., rare, op., front. de Clairès, fig. de Rops, avec ajouté, les 4 fig. de la seconde éd., 2 de Rops, 2 de E. Bayard, tirage sur Holl., à la sanguine.

664. Sorel. — La vraye histoire de Françion; Rouen,

1641, fort vol. in-8°, vél. — Roman, rare, réédité chez Delahayes.

665. Soulary. — Poèmes et Poésies; Lyon, Perrin, 1864, in-8°, br., couv., n. r. — Par souscription, à petit nombre, non mis en vente, beau vol., rare.

666. Soulary. — Sonnets humoristiques; Lyon, Schenning, 1859, in-8°, br., couv. imp. — Port. et fig. sur bois, rare et recherché; bel ex.

667. Swift. — Voyage de Gulliver; Furne, 1838, 2 tomes en 1 vol., in-8°, cart. — Bon exempl. de 1er tirage, bien complet, front. Chine, lavé fera un beau vol.

668. Swift. — Voyages de Gulliver; La Haye, 1762, 3 tomes en 1 vol., veau. — Bel exempl. avec les fig. de cette édit. rare.

669. Swift. — Voyages de Gulliver; Paris, Martin, Guérin, Courtelier, 1727, avec privilège, in-18, fig., veau. — Seconde édition originale, rare.

670. Swift. — Opuscules humoristiques; Poulet-Malassis, 1859, in-16, br., n. r., couv. — Première éd.

671. Swift. — Conte du Tonneau et suite; La Haye, 1721, 3 vol., avec fig.

672. Symeon. — Les Illustres observations de G. Symeon; Lyon, J. de Tournes, 1558, in-4°, fig., rel. (rel. anc.). — Bel exempl., gr. marges de ce rare vol., mouillures, un feuillet fatigué, peut se réparer très bien.

673. Tahureau (J.). — Les Dialogues; Lemerre, 1871, in-18, br., n. r., couv., pap. de Holl. ép.

674. Tasse. — L'Aminte; Rocolet, 1632, in-8 veau. — Trad. en vers, remplie de grandes fig. à 2 pages fort belles et curieuses, rare, pet. trou de ver.

675. Théophile. — Œuvres, poésie et prose; Lyon, 1641, in-8°; veau fauve, dos orné. — Bel ex., jolie reliure.

676. Theuriet. — Nos Oiseaux; Paris, Launette, 1888, in-8°, br., couv. ill., n. r. — Ravissant vol.

677. Tigre de 1560 (le); Jouaust, 1875, in-16, br., n. r., couv. — Réimp. à petit nombre, pap. fort de Holl., portrait et fac-simile.

678. Topfer. — Voyages en Zigzags; Dubochet, 1846, gr. in-8°, fig., cart., t. dor. — 1er tir. des fig., très rare.

679. Topfer. — Voyages en Zigzags, 1850, cart., tr. dor. — Bon exempl. dans le cartonn. d'éditeur.

680. Torquemada. — Sexameron rustique; Paris, Brachonier, 1583, in-18, rel. (rel. anc.). — Bon ex., titre remonté.

681. Trellon. — L'Hermitage (en vers); Lyon, Ancelin, 1596, in-16 carré, veau gr. — Joli ex. de l'éd. or., rare.

682. Trésor des pièces rares ou inédites; Aubry, éd., jolis vol. sur vergé de Holl., épuisés, rares. — L'Enlèvement innocent, 1859, percal., éd. n. r. — La Journée des madrigaux, 1856, *id.* — Les Loix de la galanterie, 1856, *id.* — Chansons et Saluts d'amour, 1856, *id.* — La Ruelle mal assortie, 1855, *id.* — Ronsard, Œuvres inédites, portrait, 1855, *id.*, bel ex. — Livre de chasse du sénéchal de Normandye, 1858, pap. vélin, 1/2 mar. gren., n. r., couv.

683. Usage du Thé, Caffé et Chocolate; Lyon, 1671, in-18, rel. — Rare vol., ex. méd.

684. Uzanne. — Nos Amis les Livres; Quantin, 1886,

br., couv., front. de Lynch, in-16. — Ed. or., épuisée et recherchée.

685. Uzanne (O.). — Zigzags d'un Curieux, 1888, in-16, br., n. r., couv. cons. — Edit. or., épuisée.

686. Uzanne. — L'Ombrelle, le Gant.; Quantin, 1883, gr. in-8°, br., n. r., couv. — Jolies ill. d'Avril, vol. rare et recherché, très bel état.

687. Uzanne. — La Reliure moderne; Romerge, 1887, in-8, br., n. r., couv. ill. — Reprod. de reliures, 72 pl., beau vol.

688. Vacquerie. — Les Miettes de l'histoire; 1863, in-8°, n. r. couv. — Ed. orig., bel ex.

689. Vecellio. — Costumes anciens et modernes; C. Didot, 1859, 2 vol. in-8°, 1/2 mar., vert, tête dor., n. r. — Bel exempl. de ce vol. rempli de fig. on a joint : Essai de la gravure sur bois. Didot, 1863, in-8°, broché, qui complète l'ouvrage.

690. Villon. — Le Grand Testament, petit codicille, balade en jargon; Baillen, 1869, réimpression goth., fac simile. in-12, br., n. r., tiré à dix emplaires, sur vrai Chine.

691. Vigny (A.). — Servitude et Grandeur militaire; 1835, in-8°, 1/2 rel. de l'époque. — Bon ex. grand de marges de l'éd. orig., ravissant.

692. Vigny (A.-B.). — Hélène, etc.; Pelener, 1832, in-8°, 1/2 brad., toile, n. r., couv. — Bel exempl. de l'éd. orig., rare. Vigny supprima plus tard ces pièces.

693. Vigny. — Servitude et Grandeur militaire; Mage, 1836, in-8°, br., couv., n. r. — Très bel ex. de la seconde éd. orig., rare.

694. Voltaire. — Aventures d'une princesse babylonienne,

1768, in-8°, dos orné d'œillets. — Edit. or., rare, jolie rel.

695. Voltaire. — L'Homme aux 40 écus, 1768, in-8°, veau. — Edit. or., rare.

---

696. Augier. — L'Aventurière; Hetzel, 1848, br. rognée. Edit. orig. introuvable.

697. Azoth du frère Basile Valentin; 1859, in-16, rel., pl., mar., citron, fil., dent., crit. (Fechoz). — Sur les sciences occultes, rare, belle reliure.

698. Balzac. — Histoire de l'Empereur racontée dans une grange; 1842, in-18, 1/2 rel., vig. de Lorentz, rare.

699 Balzac. — La Peau de chagrin; Delloye, 1838, in-8°, 1/2 rel. — Bel ex. de 1er tirage, gr. de marges, titre au squel., pent, lavé, frais, un superbe ex.

700. Baudelaire (Ch.). — Les Epaves; Bruxelles, 1866, front. de Rops, br., n. r, couv., rare.

701 Beaumarchais. — Edit. Lemerre; 1872, pap. vergé, couv., parch., épuisé, très rare, front. de Braquemond. — Le Barbier de Séville, 1 vol. — Le Mariage de Figaro, 1 vol.

702. Brizeux (Marie). — Roman, 1832, in-18 1/2, veau, vert, non rogné. — Charmant exemplaire, de l'édit. or., très rare.

703. Collection Didier, in-18, br., n. r., couv. imp. — Joli vol. — Balzac, Fantaisies de Claudine, 1853, 1re éd. — Balzac, Peines de cœur d'une Chatte anglaise, 1re éd. — Sandeau (J.), Olivier, 1854, couv. froissée. — George Sand, La Marquise, 1853. — Musset, Mlle Mimi Pinson, 1853, très rare. — Monselet, Aveux d'un Pamphlétaire, 1854. — Murger, Le Roman de toutes les femmes, 1854,

éd. or. — Balzac, Théorie de la démarche, 1853, éd. or. — Nerval, Châteaux de Bohême, 1852, éd. or., dos cassé.

704. Delvau. — Les Plaisirs de Paris; Faure, 1867 in-18, perc., tr. dor., éd. or., rel. d'adit.

705. Desnoyers. — Le Théâtre de polichinelle; Poulet-Malassis, 1861, in-4°, br., n. r., couv. ill.; 1er tirage, rare, front.

706. Dorat. — L'Hôpital des Fous. — Déclamation théâtrale. — La Danse. — Le Pot-Pourri. — Beaux exempl. de premier tirage, front. et rariss. vig. d'Eisen, sur grand pap. de Holl., non rognés.

707. Eclipse. — Collection complète, 10 vol., sur pap. fort, br., n. r., y compris les dessins condamnés. dessins de Gill, rare, publié à 100 fr.

708. Flaubert (G.). — Salambo, 1863, in-8°, cart., brad., n. r., couv. — Superbe exempl. de l'édit. orig., envoi autogr. signé.

709. Gautier (Th.). — Avatar; Lévy, 1857, in-18, 1/2 ch., r., n. r., éd. or.

710. Glatigny (Albert). — Edit. originales, br., n. r., couv.; Rouen, Lemerre, 1871. — Les Folies-Marigny, 1872. — Le Compliment à Molière, 1872. Vers les Saules, 1870. — Gilles et Pasquins, 1872. — L'illustre Brizacier, 1873. — Le Fer Rouge (Poulet-Malassis), 1870, très rare.

711. Histoires débraillées; Monnier, 1844, in-8°, br., n. r., couv. ill., illust. de Roy, rare; épreuve.

712. Hugo. — Le retour de l'Empereur, in-8°, br., couv., éd. or., rare. — *Idem*. — Furne, s. d., in-18, br., couv. imp., n. r., augmentée consid.

713. La Fontaine. — Le Mariage de Belphegor, 1664, in-16, veau, tr. dor. — Edit. or., rare; dans le même vol., les Poètes grecs.

714. Langlois (E.-H.). — La Calligraphie; Rouen, 1841, in-8°, br., couv., bien complète, 3 planches ajoutées. Essais sur la peinture sur verre, 1832, cart., n. r., couv.; bel ex., bien complet, rare.

715. Lesage. — Le Diable boiteux, 1840, in-8°, non rogné. — Premier tirage des fig., de Johannot.

716. Lesage. — Le Diable boiteux, 1744, in-12, veau, fig. — Edit. recherchée.

717. Manuscrit Persan. — Beau manuscrit sur papier riz, en tête, une miniature à fond d'or, composée d'arabesques et de fleurs, une autre dans le corps du vol., chaque page est entourée d'un large filet d'or, reliure laquée, d'une richesse admirable, les deux plats extérieurs couverts de roses et de fleurettes, sur fond azur clair, à l'intérieur, un grand lotus, sur fond rouge. Dans son étui d'étoffe imprimée d'œillets.

718. Maupassant (Guy). — Mlle Fifi; Bruxelles, 1881, in-18, br., couv., port., éd. or., très rare.

719. Monselet. — Les Vignes du Seigneur; Lecou, 1851, in-18 1/2 rel., n. r. — Charmant et rare vol., éd., or., exempl. avec envel., autog. signé, imprimé en rose vineux.

720. Moreau. — Le Myosotis; Desenart, 1838, in-8°, 1/2 rel., mar., vert., éb. (Amand). — Très bel ex. de l'édit. or., rariss.

721. Mürger. — Scènes de la Bohême; Lévy, 1851, in-16, 1/2 rel. — Edit. or, très rare.

722. Musset. — Il ne faut jurer de rien, 1849, br., n. r.,

couv. — Edit. or., mots au crayon faciles à enlever, très rare. — Le Chandelier; Charpentier, 1848, br., n. r., couv., mots au cray. fac. à enlever; très rare.

723. Musset. — Nouvelles; Charpentier, 1848, in-12, 1/2 rel. mar., r., coins n. r. — Edit. or., très rare.

724. Musset. — Poésies complètes; Charpentier, 1840, br., n. r.. couv. — Edit. or., TRÈS RARE.

725. Richepin. — Edit. Dreyfus, in-18, pap. teinté, br., n. r., couv. — Les Caresses, 1882. — Le Pavé, 1883. — La Chanson des Gueux, 1884, épuisé, très rare.

726. Romans. — Sous ce titre se vendront par unité ou lots un grand nombre de romans modernes, en éditions originales, de Daudet, Zola, Loti, Ohnet. Claretie, Maupassant, Gautier, Malot, Halévy, etc., la plupart à l'état de neuf, brochés, non rognés, couv.

727. Rops. — Contes brabançons, par de Costez, ill. de Rops, etc., in-8°, br., couv., n. r. — Rare.

728. Rouen illustré. — Eaux-fortes de J. Adeline, in-folio en livraisons. — Bel ex. sur pap. de Hollande, eaux-fortes sur chine monté

729. Rousseau (J.-B.). — Œuvres diverses; Solême, 1712, mar. citron (rel. anc.). — Edit. or., rare.

730. Théâtre. — Sous ce titre se vendront des pièces de théâtre in-8° et in-12 en édit. orig., la plupart brochées, non rognées, couv., de Augier, Dumas fils, Sardou, Pailleron, Labiche, Meilhac et Halévy, Bouilhet, etc.

731. Vauquelin. — Sieur de la Fresnaie, Œuvres; Caen,

1869, 3 vol. in-8°, br., n. r., couv. — Epuisé, publ. à 20 francs le vol., rare.

732. Verlaine (P.). — Les Poèmes saturmens; Lemerre. 1867, in-12, br., n. r., couv. — Superbe exempl, SUR HOLLANDE de l'éd. originale, rare.

733. Voltaire. — Siècle de Louis XIV; Berlin, 1751, in-18, veau fauve, armes (rel. anc.). — Très joli ex. de l'éd. or., rare.

734. Vigny (Al.). Stella; Gosselin, 1832, in-8°, 1/2 veau. — Edit. or., on joint les 3 fig. sur chine de T. Johannot.

735. Théâtre. — Sous ce titre, environ 100 pièces in-8° et in-12, en éditions originales, br., non rog., couv., de Augier, Dumas, Sardou, Halévy, Meilhac, Bouilhet, Labiche, Richepin, Pailleron, Ponsard, etc., etc.

736. Romans. — Sous ce titre, environ 300 volumes, bon nombre en éditions originales, brochés, non rognés, presque neufs, de Daudet, Halévy, Loti, Maupassant, Richepin, Ohnet, Malot, Fabre, George Sand, Zola, etc.

Plus un grand nombre de bons livres anciens complets et en bon état que le manque de temps a empêché de cataloguer, se vendront par unités et lots.

AUTOGRAPHES

Lettres autographes d'écrivains, médecins, hommes célèbres signées et garanties absolument authentiques.

Augier, Autran, Arago.

Baudelaire, 4 pages littéraires, pièce superbe, Barbey d'Aurévilly, curieuses lettres, Bernardin de Saint-Pierre, page de manuscrit, Bonaparte, Briseux, Boulanger (gal), carte signée, curieuse.

Châteaubriand, 3 pages in-4, lettre littéraire, Coquelin, Cler, Cresdine.

Dumas père, pièce très curieuse, Desaugiers, Dorval, Demoustiers. De la Forge, Daudet A., Camille Doucet, Dupanloup, Du Camp (Max).

Flaubert, très rare, Feuillet O, Feval, Figuier.

Georges (Mlle), Girardin (E. de), Gavarni, Gozlan, Glatigny, Gros, Girodet.

Janin (Jules).

Karr (Alph.).

Lamartine, Le Comte de Lisle (curieuse lettre), Labiche, Lamennais, Littré, Lapommeraye, Léonidas Leblanc.

Murger (fragment de nouvelle), Merimée, Monselet, Montépin, Meyerbeer, Michelet, Manuel, Martainville.

Napoléon 1er (parchemin signé), garanti, Nadaud, Noriac (Jules),

Ohnet (Georges).

Prevost, Paradol, Ponsard, Privat d'Anglemont.

Richepin, Rameau, Reybaud, Recamier, Ricord, Roger de Beauvoir (curieuse lettre intime à détails scabreux adressée à Boïeldieu).

Sardou, Soulié, Sainte-Beuve, Soulary (sonnets).

Uzanne, Ulbach.

Voltaire, superbe lettre, garantie, Voperau, de Vigny, Villiers de l'Isle Adam.

Wallace (sir Richard).

Pièces autographes normandes, lettres royales signées de Henri IV, Louis XIII, Marie de Médicis à M. de Bourgtheroulde, ayant trait aux réunions du Parlement de Normandie, pièces très curieuses.

Plus une série de lots de lettres d'auteurs contemporains, Mary Lafon, Siraudin, Champfleury, Bibliophile Jacob, de Remaguier, Méry, Marc Michel, Granier de Cassagnac, Duc de Broglie, Albéric Second, Louis Racine, Victor Séjour, Adrien Marx, Paulin Lemayrac, etc., etc.

www.ingramcontent.com/pod-product-compliance
Ingram Content Group UK Ltd.
Pitfield, Milton Keynes, MK11 3LW, UK
UKHW020342180726
13839UKWH00002B/868